초록학교 열두 달 이야기

초록학교 열두 달 이야기

발행일	2020년 12월 18일

지은이	김병두		
펴낸이	손형국		
펴낸곳	(주)북랩		
편집인	선일영	편집	정두철, 윤성아, 최승헌, 배진용, 이예지
디자인	이현수, 한수희, 김민하, 김윤주, 허지혜	제작	박기성, 황동현, 구성우, 권태련
마케팅	김회란, 박진관, 장은별		
출판등록	2004. 12. 1(제2012-000051호)		
주소	서울특별시 금천구 가산디지털 1로 168, 우림라이온스밸리 B동 B113~114호, C동 B101호		
홈페이지	www.book.co.kr		
전화번호	(02)2026-5777	팩스	(02)2026-5747

ISBN	979-11-6539-526-1 43370 (종이책)	979-11-6539-527-8 45370 (전자책)

이 도서의 국립중앙도서관 출판예정도서목록(CIP)은 서지정보유통지원시스템 홈페이지(http://seoji.nl.go.kr)와
국가자료공동목록시스템(http://www.nl.go.kr/kolisnet)에서 이용하실 수 있습니다.
(CIP제어번호: 2020051918)

(주)북랩 성공출판의 파트너

북랩 홈페이지와 패밀리 사이트에서 다양한 출판 솔루션을 만나 보세요!

홈페이지 book.co.kr • **블로그** blog.naver.com/essaybook • **출판문의** book@book.co.kr

---

＊ 이 도서는 충청북도교육도서관의 교사 출판 지원 사업의 일환으로 지원금을 받아 제작되었습니다.

초록학교
열두달이야기

김병두 지음

환경부, 교육부, 여성가족부 장관상 6회 수상에 빛나는
'초록학교' 단양중학교 환경동아리 <세단>
그 놀라운 발자취를 따라가보자!

북랩 book Lab

초록학교를 열며

미세먼지, 기후변화, 코로나-19 감염병까지⋯ 환경 파괴는 더 이상 미세먼지만의 이야기가 아니다. 해마다 반복되는 기후변화부터 플라스틱 쓰레기로 인한 해양생태계 오염, 그리고 전 세계를 휩쓸고 있는 코로나-19 감염병 광풍은 우리들에게 지구 환경의 문제가 더 이상 교양이나 감수성 차원이 아닌 인간 생존의 문제라는 것을 알려 준다. 환경 교육의 문제가 논의된 지도 오래되었고, 실제 다양한 방법으로 시행되고 있지만 정작 학교 교육 현장에서 실질적이고 구체적인 환경 교육의 모습은 찾아볼 수 없다. 환경 과목이 교육과정으로 개설된 학교를 찾기란 하늘의 별 따기이며, 환경 과목이 개설되어 있다고 하더라도 환경을 전공한 교사가 가르치는 경우는 더욱 보기 어렵다. 이렇게 학교에서 환경 과목은 수업을 하나마나한 선택 교과목일 뿐이며, 어렵게 개설된 환경 수업마저도 환경 과목에 전문성을 가진 교사가 담당하는 것이 아니라 수업 시수가 적은 교사가 떠안게 되는 경우가 다반사이다.

하지만 앞서 말한 것처럼 환경 교육이야말로 그 어느 교과목보다 우리들의 삶과 관련되어 있고, 생존과 직결되어 있다. 학교 교육과정에서 환경 과목은 이제 더 이상 PASS / FAIL의 부담 없는 교양 선택 교과목이어서는 안 된다. 앞으로 대한민국을 이끌어갈 우리 학생들의 미래와 연결되어 있다는 인식의 연장선상에서, 환경 교육은 조금도 지체할 수 없다.

문제 인식에 공감하는 학생들을 모으기란 그리 어렵지 않았다. 4년 전 환경동아리라는 깃발을 내걸자 순식간에 20여 명의 학생을 모을 수 있었다. 본격적인 환경동아리 활동에 앞서, 아이들을 모아 놓고 환경 교육의 당위성과 중요성 및 필요성에 대해 재차 강조했다. 문제는 환경동아리 운영 방향이었다. 단순히 유인물 등의 안내 자료만 배부해서는 적극적이고 능동적인 참여를 유도할 수 없기에, 어떻게 하면 환경오염에 대한 문제 인식을 자연스럽게 그리고 재미있게 공유할 수 있을까 고민했다.

해답은 월별 환경 관련 기념일에 따른 오감 체험형 캠페인을 운영하는 것이었다. 그리고 해당 기념일과 관련된 체험 아이템들을 발굴하고, 고안하고, 기획했다. 활동 첫날의 모습이 아직도 눈에 선하다. 점심시간에 교내 식당 앞에 테이블을 펴고는 식사를 마치고 나오는 학생과 교직원들을 무작정 참여시켰다. 무엇인지 몰라 낯설어하는 아이들, 체험비를 내야 하는 줄 알고 주저하는 아이들의 멍한 표정과 손사래가 잊히지 않는다. 그러나 회를 거듭할수록 부담 없이 즐겁게 참여하는 아이들이 늘어났다. 단순히 안내 자료만 제시하는 것이 아니라, 찍어보고, 만들어보고, 들려주고, 보여주고, 먹어보는 등의 다양한 체험을 한 다음, 체험한 학생에게는 간단한 간식도 나눠주니 아이들 입장에서는 굳이 참여하지 않을 이유가 없었을 것이다.

예를 들어 바다의 날에는 '플라스틱 없는 바다, 내가 바라던 바다'라는 주제로 캠페인을 실시하였다. 먼저 해양 플라스틱 쓰레기 문제의 심각성을 알리는 안내 자료를 배부하고, 본인이 사용하는 플라스틱 칫솔을 가져오면 친환경 생분해가 가능한 대나무 칫솔로 교환해주는 행사를 진행하였다. 행사에 참여한 학생에게는 귀여운 해양생물을 본떠 만든 젤리 간식도 배부하였다. 그 후 점심시간에 식사하고 양치를 하러 가는 학생들을 유심히 관찰한 결과, 플라스틱 칫솔을 사용하는 학생들이 상당히 감소하게 되었다. 큰 힘을 들이지 않은 일회성 행사로도 충분히 실생활에서 변화를 이끌어낼 수 있는 것이다. 물론 캠페인 사후 활동으로 동아리 학생들에게는 관련 서적을 배부하고, 독서 활동까지 병행하여 그 효과를 높이고 있다.

혹자는 일회성 행사들이 과연 어떤 의미가 있는지 되물을 수도 있다. 하지만 이러한 일회성 행사를 진행한 지도 벌써 4년이 되어가고 있다. 그 동안 식목일, 공정무역의 날, 물의 날, 바다의 날, 세계오존층 보호의 날, 승용차 없는 날, 세계 식량의 날, 환경의 날 등 수많은 환경 관련 기념일마다 새로운 아이템을 연구하여 친구들과 선생님들 앞에서 선보이며 관심을 환기하고 자발적인 참여를 유도하였다. 지금은 환경 관련 기념일이

초록학교 열두 달 이야기

다가오면 어떤 캠페인을 하는지 학생들이 먼저 물어온다.

하지만 무엇보다 중요한 것은, 나 혼자 고민해서는 푸른 지구를 만들어낼 수 없다는 것이다. 그리고 환경동아리 학생들만의 실천으로는 푸른 지구를 만들어낼 수 없다는 것이다. 우리가 함께 고민하고, 참여하고, 실천해야만 푸른 지구를 만들어낼 수 있다. 잊지 말자. 우리의 참여만이 푸른 지구를 만들 수 있다.

그동안 충청북도 초록학교 사업을 총괄하며, 단양중학교 환경 교육을 항상 응원해주시고 격려해주셨던 충청북도교육청 남윤희 연구사님과 풀꿈환경재단 염우 이사님, 최정민 국장님께 감사의 말씀을 전한다. 또한 환경동아리 활동에 지도교사보다 더 많은 관심을 갖고 조언해주신 김명수 단양중학교 교장선생님께 존경을 표한다. 끝으로 부족한 나에게 항상 뮤즈가 되어주는 아름다운 아내 은지와 생각하는 것만으로도 입가에 웃음이 번지게 하는 아들 문규에게도 언제나 변함없이 사랑하고 고맙다는 말을 전하고 싶다.

목차

초록학교란 무엇인가

♠ 추진 배경

   미세먼지, 기후변화 등 지구 환경의 위기가 심화됨에 따라 사회 각계각층에서 환경 보전과 지속가능발전을 위한 노력이 확산되었다. 이에 다양한 관련법과 조례가 제정되었다. 그 결과 충청북도교육청은 환경 교육 발전과 학교 환경 개선을 위한 여건이 형성되었다고 판단하고, 2017년 초록학교 종합계획을 수립하고 본격적으로 추진하였다. 그 후 2018년 30개 학교, 2019년 40개 학교, 올해 2020년 62개 학교가 참여하여 본격적인 초록학교 실천협력사업을 추진하고 있다.

♠ 초록학교란

   지속가능한 생태순환형 학교를 말하며, 아이들과 선생님이 쾌적하고 건강하게 생활하며(학교생활), 환경과 생명의 가치를 배우고 실천하며(교육철학), 지역공동체 발전과 지구환경 보전에 기여하는(사회관계) 학교를 궁극적인 목적으로 한다. 학교의 교육과정 또는 시설·공간, 정책·사업을 보다 환경생태적인 방향으로 전환함으로써 궁극적으로 지속가능한 녹색사회 구현에 기여하는 것을 목표로 한다.

♠ 단양중학교 초록학교의 발자취

단양중학교에서 자체적으로 운영하던 환경동아리였으나, 2018년에 단양중학교가 충북교육청에서 초록학교로 지정되고 단양중학교 환경동아리는 환경부 지정 환경동아리가 되었다. 이로써 충북은 물론 대한민국을 대표하는 환경동아리로 발전하였다. 매년 약 30명 내외의 학생들과 함께 무학년제로 운영되는 환경동아리 '세단(세계 속의 단중인)'은 교내에서 학생 체험형 환경 기념일 캠페인 활동을 진행하고, 교외에서 지역사회 연계 생태 환경 프로젝트 등을 진행하고 있다. 이런 활동을 통해, 지속가능한 지구를 만들어가는 방법을 끊임없이 모색하고 있다.

3 월의
이야기

개구리 폴짝

 초록학교 실천 일기

　단양중학교 환경동아리 세단의 2019년 첫 활동을 실시하였습니다.

　3월 5일은 경칩으로 겨울잠 자던 뱀, 개구리 등의 동물들이 봄의 천둥소리에 놀라 잠에서 깨어나서 기지개를 펴는 시기입니다. 우리 선조들께서는 한 해의 건강을 기원하며 개구리알을 드셨다고도 합니다. 이러한 의미를 되새기며, 다시 돌아온 새로운 봄을 맞아 생명의 역동성을 깨닫고자 '개구리 폴짝' 캠페인을 실시했습니다.

　경칩의 유래와 의미를 담은 안내자료를 배부하고, 진짜 개구리알을 먹을 수는 없기에 개구리알을 닮은 바질씨드 음료도 한 잔씩 마셨습니다. 또한 모형 개구리를 나뭇잎에 넣는 게임을 하며 성공하는 학생에게는 사탕을 주기도 하였습니다. 너나할 것 없이 즐겁게 참여하는 학생들을 보며 봄의 싱그러움과 파릇파릇함을 함께 느낄 수 있었던 행복한 시간이었습니다.

　올해도 아이들과 재미있고 다양한 활동을 통해 생태·환경 분야에 대해 함께 공부할 계획입니다.

초록학교 실천 활동 *Eco*

2019.03.06. 경칩(驚蟄) 맞이 행사

개구리~ 폴짝!

우수와 춘분 사이에 있는 24절기의 하나, 양력 3월 6일 경에 든다. '경칩'이 라는 말은 놀라서 겨울잠을 자던 개구리, 뱀 등의 동물들이 천둥 소리에 놀 라 깨어나 움직이는 것을 뜻한다. 만물이 움트는 시대 행복한 젊은 남녀가 서로 의 사랑을 확인하기 위해 은행 씨앗을 선물로 주고받고 날이 어두워지면 둥구 밖에 있는 수나무 암나무를 도는 사랑놀이도 즐을 다졌다. 그래서 경칩은 또 '연인 의 날'이라고 할 수 있다. 한편, 경칩 무렵의 볼 천둥소리에 따라 복의 기운을 오시키도 했고, 복을 차거나 냉기를 집 안팎에 내어 잡에서 깨어난 별레도 뱀 들을 집 밖으로 몰아내었는데, 이는 겨울 경칩에 봄을 꽃피우는 풍습으로 발전 했다. 이 날 흔히 개구리나 도롱뇽의 알이 건강에 좋다고 하여 찾아 먹는 풍습이 있다. 또 단풍나무나 고로쇠나무에서 나는 줄을 마시면 위장병에 효과가 있다고 해서 먹기도 했다. 이날 흙일을 하면 탈이 없고 빈대가 없어진다고 해서 담벼락 바르거나 담장을 쌓았다. 경칩은 승승 다 가오는 봄날이 채비를 해야 할 때이다.

1. 경칩의 의미를 담은 맛난 차표를 검출한다.
2. 개구리 폴짝 게임에 참여한다.(나무팅 위에 개구리를 올려 놓으면 성공!!)
3. 성공한 사람에게는 사람을 증정한다.
4. 게임에 참여한 뒤도 개구리밥(바질씨드) 음료를 준다.

진짜 개구리알이 아니라 다이어트에 좋은 바질씨드 음료입니다~ 걱정말고 드세요~

초록학교 실천 일기

16살의 스웨덴 소녀 그레타 툰베리를 아십니까? 날로 심각해져가는 지구의 기후변화에 대응하기 위해 매주 금요일에는 학교에 가지 않고 거리로 나가 문제의 심각성에 대해 알리던 그 소녀의 작은 목소리가 이제는 전 세계 수십만 명의 커다란 함성이 되었습니다.

바로 어제, 전 세계 100여 국에서 수십만 명이 참여한 'Friday For Future' 행사가 열렸습니다. 우리나라에서는 단양중학교가 학교 단위로는 유일하게 참여하였습니다. 우리의 현실적 여건 상, 학교에 가지 않고 거리에 나가는 것보다 학교 안에서 또래 친구들에게 먼저 알리는 것이 시급하다고 생각한 환경동아리 세단 학생들이 점심시간을 이용해 행사의 의미와 목적을 적극적으로 알리는 자리를 가졌습니다.

'Friday For Future' 캠페인 안내 자료를 배부하고, 'Friday For Future' 스탬프 찍기와 버튼 배지 제작 체험활동을 하였습니다. 교장 선생님을 찾아뵙고 그레타 툰베리의 편지에 사제 공동 서명하기 행사도 진행하였습니다.

이번 행사를 통해, 환경의 중요성에 대해 다시금 깊이 고민하는 계기가 되기를 바랍니다.

초록학교 실천 활동

2019.03.15. 전 세계 학생 기후변화 공동행동 행사

Friday For Future

초록 그림은 2018년 지구의 초록을 생각한 것입니다. 이제는 저도 별 아니라 국지방까지도 지구의 온도가 급격히 상승하고 있습니다. 2030년에 되면 지구가 받아서 모두 농사 버릴 수도 있다고 합니다. 그럼에 따면 지구의 생명체들이 제대로 살아남지 힘든 수도 있습니다. 이제 10년 남았습니다.

오른쪽 사진은 에너지활과 비슷한 나이의 스웨덴 여자 환경운동가 그레타 툰베리(15)가 지난 2월 21일 유럽연합(EU) 본부에서 열린 환경 환경 행사에 참석하여 연설하는 모습입니다. 툰베리는 이날에서를 함께 "당신들은 우리를 너무 사랑한다고 하지만, 우리의 눈앞에서 우리들의 미래를 훔치고 있다."라며 말하는 모습을 전 세계적인 이슈가 되었습니다.

그 결과 3월 15일 전 세계 학생들이 기후변화에 대응하기 위해 공동으로 결성하는 행사(Friday For Future)를 행했으로 화성었습니다. 전 세계 각국에서 123개 국가가 주심아여 참여한 행사입니다. 우리나라에서도 학교 당국에서는 단식참석이나 휴식하게 참가하게 합니다. 더 이상 당하만 있을 수 없습니다. 지구를 위한 당대한 변화는 학생으로부터 시작됩니다. 우리도 참여해 푸른 지구를 만듭니다.

선(善)물(water)하세요

2019년 3월 22일
세계 물의 날

 초록학교 실천 일기

　어제는 UN이 지정한 세계 물의 날이었습니다. 인간에게 물은 없으면 안 되는 절대적 요소입니다. WHO에서는 인간은 하루에 최소 1.5ℓ~2ℓ의 물을 섭취해야 한다고 권장하지만, 매일 6시간 동안 양동이를 지고 가서 가족이 마실 흙탕물을 떠 오는 아이들이 있습니다. 바로 아프리카 아이들입니다. 각종 세균이 득실거리는 흙탕물을 마시고 수인성 질병에 걸려 고생하고, 결국 죽음에 이르는 아프리카 사람들이 셀 수 없이 많습니다.

　어제 단양중 환경동아리 세단에서는 세계 물의 날을 맞아 물 부족과 더러운 물로 고통받는 아프리카 사람들에게 관심을 두자는 의미에서 '선(善)물(water)하세요' 캠페인을 진행하였습니다. 캠페인의 목적을 담은 안내 자료를 배부하고, 간이정수기 체험을 통해 깨끗한 물의 소중함에 대해 다시 한 번 생각해보았습니다. 또한 아프리카 아이들이 우물에서 어렵게 물을 길어나르는 장면을 VR로 체험하였고, 아프리카 아이들의 빈 양동이 사진과 흙탕물을 그대로 마시는 사진에 파란색 스탬프로 깨끗한 물을 채워주었습니다. 마지막으로는 적지만 저마다 마음을 담아 아프리카 아이들을 위한 성금을 모금하였습니다.

　이번 캠페인을 통해 일상생활에서 물을 아껴 쓰고 깨끗한 물의 소중함을 아는 계기가 되었으면 합니다. 그리고 지금도 물 부족으로 인해 고통받는 사람들에게 관심을 두는 계기가 되기를 바랍니다. 모인 성금은 전액 아프리카 아이들을 위해 기부할 예정입니다.

초록학교 실천 활동 Eco

초록학교 실천 일기

　지난 금요일에는 벗꽃 개화 시기에 맞춰서 단양중 환경동아리 세단 아이들과 '봄이 왔나 봄, 벗꽃이 피었나 봄' 캠페인을 실시하였습니다.

　단순히 자연을 보호하자는 것에서 그치지 않고, 자연의 아름다움을 스스로 깨닫게 되면 그 소중함과 중요성 또한 자연스럽게 깨달을 수 있으리라는 의도에서 아름다운 벗꽃 개화 맞이 캠페인을 실시하였습니다. 버려진 인조 나무에 글루건으로 벗꽃잎을 하나하나 붙여 만개한 벗꽃 나무로 재탄생시키고, 벗꽃 가랜드도 다는 등 만반의 준비를 마쳤습니다. '벗나무를 우리 선조들이 어떻게 활용했는지'와 '2019년 전국 벗꽃 개화 시기'를 안내하는 자료를 배부하고, 벗꽃 주스를 한 잔씩 나눠 마셨습니다. 벗꽃 타투스티커를 원하는 부위에 붙이는 체험도 하고, 만개한 벗꽃을 배경으로 폴라로이드 사진 찍기 체험도 하였습니다.

　오늘 캠페인을 통해, 아름다운 자연을 지키고 훼손하지 않기 위해 우리가 할 수 있는 일이 무엇인지 생각하게 되기를 바랍니다.

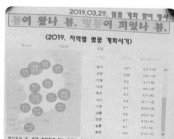

4월의 이야기

종이는 숲이다

 초록학교 실천 일기

　환경동아리가 만들어진 것을 축하하며, 4월 5일 식목일을 맞아 첫 활동으로 동아리 학생들과 종이 아껴 쓰기 캠페인을 했습니다.

　비록 진짜 나무를 심을 수는 없지만, 종이를 아껴 씀으로써 나무를 심는 것과 같은 효과가 있으리라 생각하며 신문지 재생 연필과 간식을 나눠주며 열심히 진행했습니다. 대한민국 국민 모두가 하루에 A4 1장씩만 아껴도 나무 800그루를 심는 것과 같다고 합니다. 자연을 보호하고 나무를 사랑하는 우리 학생들의 마음이 더욱 깊어졌으면 하는 바람입니다.

초록학교 실천 활동

초록학교 실천 일기

　돌아오는 식목일을 맞아 '우리학교 푸르게 푸르게' 나무 심기 행사를 실시하였습니다.

　동아리 시간에 환경동아리 세단 아이들과 단양중학교 교화인 철쭉을 비롯하여 박달나무, 회양목 등 100여 그루의 나무를 직접 옮긴 후 심고 물도 주었습니다. 삽질을 하고 물을 주며 나무의 중요성에 대해 체험하는 귀중한 시간이었습니다. 앞으로 학교 숲을 점차 확대 조성하며 생태 환경 교육을 통해 생태적 감수성을 신장하고자 합니다.

　일회성 행사로 그치지 않기 위해, '나무:학생 1:1 실명제'를 실시하여 나무에 대한 책임감과 관심을 가지고 평상시 관리하도록 함으로써 환경보호 의식을 지속적으로 신장할 계획입니다. 철쭉이 저마다 아름답게 꽃피울 그날을 기다리며 아이들과 함께 설레는 마음으로 하루를 보냈습니다.

초록학교 실천 활동

초록학교 실천 일기

　오늘은 단양중학교 환경동아리 세단 아이들과 단양행복교육지구 마을학교(굿사이클)의 협조로 '유리병을 활용한 LED 무드등 만들기' 교육 활동을 진행하였습니다.

　사용한 유리병에 저마다 원하는 모양을 그리고 좋아하는 글귀를 정성스레 썼습니다. 그리고 병 안에 LED 전등을 집어넣어 마무리하였습니다. 학생들 모두 자신들의 작품을 멋지게 완성하고 친구들에게 자랑하느라 정신없었습니다.

　한 번 사용하고 버려지는 줄 알았던 유리병도 전등으로 다시 태어난 것처럼, 오늘 교육 시간을 통해 자원순환의 중요성과 필요성에 대해 다시금 생각해볼 수 있는 계기가 되었기를 바랍니다.

초록학교 실천 활동

초록학교 실천 일기

작년에 이어 올해도 단양중학교 환경동아리 세단 아이들과 식목일을 기념하여 단양국유림관리소에서 실시한 나무 나눠주기 행사에 참여했습니다. 교화인 철쭉을 비롯해 다양한 열매나무 등 총 100그루 정도의 묘목을 받아와 학교에 숲을 조성하였습니다.

아이들과 직접 땅을 파서 심고, 물을 주며 잘 자라기를 기도하였습니다. 완연한 봄이 되어 철쭉이 만발할 교정을 생각하며 모두 흐뭇해했습니다. 작년에도 같은 행사에 참여하며 협찬을 받은 철쭉 100그루, 그리고 올해의 철쭉 및 영산홍 200그루가 꽃을 피워 학교가 꽃으로 가득할 그날을 기다려봅니다.

초록학교 실천 활동

초록학교 실천 일기

오늘은 4월 5일 식목일을 맞아 단양중학교 환경동아리 세단 아이들과 '초록이 초록초록' 캠페인을 진행하였습니다.

나무 심기의 중요성과 필요성을 담은 안내 자료를 배부하고, 소형화분 키우기 키트와 신문지 재생 연필을 나눠주었습니다. 소형화분 키우기를 통해서는 식물을 키우는 경험을 통해 생명의 소중함을 깨닫고, 신문지 재생 연필을 통해 자원 재활용의 의미를 되새겼습니다.

오늘 나눠준 소형 화분의 싹을 잘 키워서, 4월 말에 새싹 뽐내기 공모전에 사진을 제출하는 학생 중 10명을 선정하여 소정의 상품을 증정할 계획입니다. 단양중학교뿐 아니라 온 지구가 초록으로 덮여 푸른 지구가 되기를 바랍니다.

초록학교 실천 활동

와이 나뭇가지 활용 환경 교육

2019년 4월 5일
식목일

 초록학교 실천 일기

　오늘은 원주지방환경청의 도움으로 단양중학교 환경동아리 세단 아이들과 생태환경교육 활동을 실시하였습니다.

　봄을 맞아 꽃차도 한 잔씩 시음해보고, 와이 나뭇가지를 이어 모둠별로 커다란 나무를 만들고 그 위에 꽃과 나비도 장식하였습니다. 와이 나뭇가지를 이어붙인 나무에 저마다 자신이 가지고 있는 꿈을 더해서 자신들만의 꿈나무를 만들기도 하였습니다. 오늘의 활동이 강원도 산불로 소실된 산림자원의 소중함을 깨닫는 계기가 되었으면 합니다. 또 자연의 중요성에 대해서도 깊게 고민하는 시간이 되었기를 기대합니다.

초록학교 실천 활동 Eco

초록학교 실천 일기

어제는 단양중학교 환경동아리 세단과 장현리 마을, 에코 단양(환경 단체)과 행복마을교육공동체 협약식을 가졌습니다.

장현리 마을은 지난 20년 동안 어린 학생들이 출입한 적이 없는 초고령 마을입니다. 우리 학생들이 이 마을에 한 달에 한 번 찾아가서 어르신들의 살아오신 이야기도 듣고, 마을 지도도 그려보고, 마을의 역사와 전설, 민담 등을 녹취해보기도 하며 마을 탐구 활동을 할 예정입니다. 또한 어르신들 염색 봉사도 해드리고, 농번기에는 농사 일손을 돕기도 하며 마을의 일꾼이 될 예정입니다. 어제는 그 시작으로 협약서에 3자 단체가 서명도 하고, 축하의 의미로 다과도 함께 먹고 도로변에 꽃씨도 정성들여 심었습니다.

우리 아이들의 활동이 마을에는 활력이 되고, 아이들에게는 소속감과 애향심을 길러줄 수 있는 좋은 계기가 되길 바랍니다.

초록학교 실천 활동

책책책 책을 읽읍시다

 초록학교 실천 일기

4월 22일은 지구의 날, 4월 23일은 책의 날이었습니다. 두 날을 기념하기 위해 오늘 단양중학교 환경동아리 세단에서는 '책책책 책을 읽읍시다' 책두레를 운영하였습니다.

본인이 읽은 책을 돌려 읽으며 환경도 생각하고, 독서생활 습관을 형성하고자 책두레 도서 벼룩시장을 열었습니다. 사전에 기간을 두고 학생들에게 책을 기부받은 뒤 기부한 학생에게는 책 교환 쿠폰을 발급하였습니다. 쿠폰을 발급받은 아이들은 읽고 싶은 책, 간식을 쿠폰과 교환해주고 쿠폰이 없는 아이들은 아프리카 아이 교과서 만들어주기 사업에 소정의 금액을 기부하면 쿠폰을 발급해주었습니다.

기부도 하고, 책도 읽고, 간식도 받으며 즐거워하는 아이들을 보며 저도 덩달아 즐거워지는 하루였습니다.

초록학교 실천 활동

지구를 위한 위대한 10분

 ## 초록학교 실천 일기

이번 주에 단양중학교에서는 제12회 기후변화주간(4월 13일~4월 28일) 및 제50회 지구의 날(4월 22일)을 기념하여 '지구를 위한 위대한 10분' 캠페인을 실시했습니다.

지구의 날 당일 각 가정별로 4월 22일 저녁 8시부터 10분간 소등에 참여한 후 인증사진을 찍어 SNS로 제출하도록 하였습니다. 또한 국책기관인 사이버환경정책교육원(http://mcyberedu.kei.re.kr)에서 운영하는 '똑똑한 청소년의 기후변화적응 프로젝트 오늘부터 우리는'을 수강하도록 안내한 뒤 수료증을 SNS로 제출하도록 하였습니다. 또 기후변화주간 및 지구의 날 캠페인에 참여한 소감도 SNS로 제출하도록 하였습니다. 원격수업 기간임에도 푸른 지구를 만들기 위해 많은 학생이 적극적으로 참여해줘 참으로 대견하고, 고맙습니다.

이번 주 캠페인을 계기로 학생들이 기후 위기, 미세먼지, 플라스틱 쓰레기 등으로 고통받는 지구를 위해 저마다 할 수 있는 일이 무엇인지 고민하고, 실천하게 되었으면 합니다. 캠페인에 참여한 학생들에게는 지구 젤리 간식과 재생지 노트, 재생지 연필, 환경 관련 도서 등을 택배로 발송할 예정입니다.

초록학교 실천 활동 *Eco*

강의를 보면서 기후변화가 무엇이고
기후변화로 일어날수 있는 자연재해
그리고 기후변화를 대응하는 방법과
국내.외에서 하는 적응 정책을 배웠다
기후변화로 일어날수 있는 자연 재해가
6가지나 되어 놀랐고 생각보다
자연재해와 기후변화의 관계가
가까웠다
기후변화가 일어나는 이유가 전부
자연적으로 그런줄 알았는데
인위적으로도 일어날수 있다는 것을
알게 되어 좋았다 그리고 국내·외 모두
기후변화로 일어나는 자연재해를 위해
많은 노력을 한다는 점에서 기후변화로
인한 자연재해에 관심을 가져야겠다고
생각했다!

오전 12:0

지구의 날 캠페인이 전국 각각 집에서
소등을 한다는 것이 신기했습니다 .
저희 아파트도 안내방송이 나와
지구의날이라고 8시부터 8시10분까지
소등을 하라고 안내방송이 나왔습니다.
그리하여 8시가 되자 저희 아파트
건너편에 있는 아파트 주민들이 집에
전등(쀼) 하나 둘 씩 꺼지는 것을 볼 수
있었습니다. 물론 저희집도
소등을 했습니다.
그리고 정말 이 지구의 날 캠페인을
사람들이 실천할까 ? 라는 의문이
들었지만 많은 사람들이
실천하는걸눈으로 보니 놀랍고
감동받았습니다.
이 4월 22일 지구의날을 잊을수없을거
같습니다 저는 앞으로도 전기를
아껴쓰고 지구를위해 자주
소등할것입니다 그리고 더 많은
캠페인을 참여하여 다른친구들에게도
뜻깊은 시간을 나눠주겠습니다

5 월의
이야기

세상을 바꾸는 착한 소비

초록학교 실천 일기

매년 5월 둘째 주 토요일은 세계공정무역의 날입니다. 부당한 아동노동을 막고, 개발도상국 생산자들의 삶에 관심을 갖고, 나아가 지속가능한 소비생활을 권장하고자 '당신의 소비가 세상을 바꿉니다'라는 슬로건으로 캠페인을 진행하였습니다.

국제공정무역기구 한국사무소의 협조 아래 공정무역 안내 자료 게시, 전단 배부, 공정무역 홍보 바람개비 및 풍선 제작 체험 활동, 공정무역 초콜릿 시식 행사 등을 진행하였습니다.

전 세계 아동 중 약 200만여 명의 아이들이 하루에 20시간 가까이 일을 하며 하루에 2달러도 채 안 되는 돈밖에 못 받고 노동 학대를 당하고 있는 불공정한 현실에 대해 우리 학생들이 다시금 생각해볼 수 있는 계기가 되었으면 합니다.

초록학교 실천 활동

초록학교 실천 일기

　오늘은 세단 동아리 아이들과 단양아로니아영농조합을 방문했습니다. '지역의 문제, 지역으로 푼다'라는 주제로, 단양 지역 석회수로 인한 피부질환 문제는 단양의 아로니아로 완화할 수 있다고 생각하며 한 달 간의 장기 프로젝트에 돌입했습니다. 협찬 받은 아로니아로 폼클렌징을 만들어 장날에 구경시장에서 군민들께 배부하고, 그 과정에서 불우이웃돕기 성금도 모금했습니다. 작년에도 아로니아로 천연비누 350개를 만들어 무료 배부하며 약 7만 원의 성금을 모금해 기부하였습니다. 이 장기 프로젝트로 아이들이 지역사회에 대해 깊이 이해할 수 있게 되고, 나눔과 배려의 정신을 키울 수 있기를 바랍니다.

초록학교 실천 활동

초록학교 실천 일기

　오늘은 단양 지역 환경 단체인 'eco 단양'과 단양중학교가 단양 지역 학생을 대상으로 하는 생태 환경 교육 활성화를 위해 상호 업무 협약을 체결하였습니다. 세단 동아리의 작년 활동 영상을 시청하는 것을 시작으로, 생태 환경 지킴 선서와 서약, 그리고 협약서 낭독과 조인, 상호 교환의 순으로 이루어진 본 행사는 양 기관 측은 물론 환경동아리 세단 학생들의 적극적인 관심과 협조로 진행되었습니다. 앞으로 생태 환경 교육의 활성화는 물론, 범지구적 문제에 대한 계속적인 관심을 바탕으로 지속가능한 지구를 만드는 데 앞장서고자 합니다. 항상 능동적인 자세로 매사에 긍정적인 학생들 덕분입니다.

초록학교 실천 활동 Eco

초록학교 실천 일기

　오늘은 환경동아리 세단 아이들과 생물종다양성보존의 날을 맞아 '우리를 잊지 말아주세요'라는 주제로 멸종위기 동식물 보호 캠페인을 전개하였습니다.

　환경부, 원주지방환경청, 국립생물자원관의 협조로 단양 지역의 멸종위기 동식물 26종 현황에 대한 자료를 준비하여 아이들에게 나누어주었습니다. 붉은박쥐, 수달, 담비 등이 단양에 살고 있다는 사실에 다들 놀라워했습니다. 특히 이름에 '단양'이라는 말이 들어간 단양쑥부쟁이에 많은 관심을 보였습니다. 멸종위기 26종 현황에 대한 자료를 배부하고, 실제 멸종위기인 코끼리, 코뿔소, 하마 등의 모습을 담은 스탬프를 총천연색으로 찍으며, 멸종위기 동식물이 보호받을 수 있기를 다 같이 한 마음으로 염원하였습니다.

　오늘의 이 활동으로 아이들이 범지구적 문제에 대해 폭넓은 생각을 갖게 되기를 바랍니다. 또 생물종 다양성 보존에 대해서도 더욱 관심을 갖게 되기를 바랍니다. 다음 주 23일에는 아이들과 단양쑥부쟁이 사진 퍼즐 맞추기 행사를 진행할 예정입니다.

초록학교 실천 활동 Eco

초록학교 실천 일기

　오늘은 환경동아리 아이들과 22일 '생물종다양성보존의 날' 두 번째 행사로 멸종위기 동물 컬러링 엽서 색칠하기 행사와 단양쑥부쟁이 사진 퍼즐 맞추기 행사를 실시하였습니다.

　톰슨가젤, 반달가슴곰, 왈라비, 수달 등 멸종위기 동물을 자신만의 색으로 직접 색칠하며 생물종 다양성 보존에 대해 고민해보는 시간을 가졌습니다. 멸종위기 야생생물 2급으로 지정된 단양쑥부쟁이 사진 퍼즐을 단양의 아이들이 한 조각 한 조각 완성하며 지역의 멸종위기 생물에도 관심을 가져보았습니다.

　앞으로도 꾸준히 아이들과 환경 관련 활동을 진행할 것을 약속하고 다짐하였습니다. 내일은 국회의원회관에서 열리는 자원순환 관련 청소년 워크숍에 참석할 예정입니다.

초록학교 실천 활동

미세먼지를 부탁해

2019년 5월 9일

 초록학교 실천 일기

　오늘은 단양에서 열리는 STEAM 과학축제에 단양중학교 환경동아리 세단 아이들과 함께 참여하여 '미세먼지를 부탁해'라는 주제로 미니 공기청정기 만들기 체험 부스를 운영하였습니다. 미세먼지와 초미세먼지의 특성과 신체에 미치는 위험성을 안내하는 자료를 배부함으로써 깨끗한 공기의 중요성에 대해 깨달을 수 있도록 유도하였습니다. 또한 EVA 키트를 조립하며 저마다 자신의 공기청정기를 만들어보았습니다. 허술해보이기는 하지만 나름 망사필터, 카본필터, 항균필터로 이루어진 3중 필터 시스템을 만들었고, 이를 통해 공기 정화의 원리를 배웠습니다.

초록학교 실천 활동

세상을 바꾸는 착한 소비

2019년 5월 11일
공정무역의 날

 초록학교 실천 일기

오늘(5월 둘째 주 토요일)은 세계 공정무역의 날입니다. 비록 서울에서 열리는 공정무역 축제에는 참여하지 못했지만, 단양중학교 환경동아리 세단 아이들과 '세상을 바꾸는 소비'라는 주제로 어제 점심시간을 활용하여 공정무역 홍보 캠페인을 실시하였습니다.

공정무역의 목적과 필요성을 담은 안내 자료와 공정무역 제품 홍보 소책자를 배부하고, 공정무역 제품(베트남 캐슈두유, 콜롬비아 다크초콜릿, 페루 코코아) 중 저마다 원하는 간식을 하나씩 골라 맛보는 시간을 가졌습니다. 교직원들에게는 공정무역 콜드브루커피와 더치커피를 1봉씩 선물하기도 하였습니다. 학생들에게 아직은 생소한 공정무역을 알리기 위해 적극적으로 협조해준 한국공정무역전체협의회 소속 '지구마을 사회적 협동조합'에 감사를 전합니다.

'내 삶의 공정무역'이라는 주제로 캠페인 후속 활동을 진행하여, 자기 주변에서 공정무역 인증 마크를 획득한 제품을 찾아 사진을 찍어 보내는 학생에게 소정의 상품을 주기로 하였습니다. 아동 노동착취를 반대하고 생산자들의 자립을 지지하며 희망을 나누는 공정무역을 응원합니다.

꼬마농부 이야기 (1)

2019년 5월 13일

초록학교 실천 일기

지난 주말에 단양중학교에서는 농어촌학교 특색프로그램 '꼬마농부 이야기' 사업 1회차를 진행하였습니다. 지난번 협약을 맺은 장현리 이장님의 도움으로 약 900평의 땅을 임대받아 단양중학교 학생회 아이들 및 환경동아리 세단 아이들과 함께 옥수수, 고구마, 오이, 가지, 딸기, 고추 등 다양한 모종을 심었습니다. 단양 아이들이라고 해도 대부분 읍내에 거주하는 아이들인지라 제 손으로 작물 한 번 길러본 경험이 없는 아이들이 대부분이기에 아주 뜻깊은 시간이 되었습니다.

앞으로 수확되는 작물들은 전교생과 함께 나눠먹기도 하고, 장날에 내다 팔아서 수익금으로 지역사회 불우이웃들을 도울 예정입니다. 주말에도 나와 고생하신 교장 선생님과 여러 선생님, 더운데 싫은 내색 한번 없이 열심히 해준 아이들에게 감사의 말을 전합니다.

초록학교 실천 활동

초록학교 실천 일기

　어제는 단양중학교 세단 동아리 학생들과 행복마을교육공동체 마을탐구활동의 5월 활동으로 노루고개 장현리 마을을 찾았습니다.

　어르신들 한 분 한 분께 어버이날 기념 카네이션을 달아드리고, 어르신들과 학생들이 삼삼오오 마주앉아 어르신들이 70년, 80년 살아오신 삶의 희로애락에 대해 여쭙고 경청하는 시간을 가졌습니다. "예전으로 돌아가신다면 배우자분과 다시 결혼하시겠어요?", "어르신의 보물 1호를 꼽자면?", "6.25 때는 어디로 피난을 가셨었나요?" 등 역사와 문화를 아우르며 어르신들의 삶에 관한 질문과 답을 진지하게 주고받았습니다.

　앞으로도 한 달에 한 번 방문해서 마을 지도도 그려보고, 어르신들 염색 봉사도 해드리는 등 다양한 마을 탐구 활동을 진행해보고자 합니다. 힘들 텐데도 묵묵히 따라주는 세단 동아리 학생들이 정말 고맙습니다.

초록학교 실천 활동

지역사회 연계 생태환경 프로젝트
(지역의 문제, 지역으로 푼다)

 초록학교 실천 일기

어제는 단양소백산철쭉제 시작을 기념하며 지역사회 연계 생태환경 프로젝트 '지역의 문제, 지역으로 푼다'를 실시했습니다.

재작년부터 3년째 실시하는 활동으로, 단양 지역 석회수로 인한 피부질환의 해답을 단양의 아로니아에서 찾는 목적의 프로젝트입니다. 단양중학교 환경동아리 세단 학생들이 직접 비누 베이스를 녹이고, 각종 한방 가루와 아로니아 가루를 섞어서 아로니아 천연비누 350여 개를 만들었습니다. 이 천연비누들을 무료로 배부하고, 지역사회 불우이웃 돕기 성금 모금 행사를 병행하였습니다. 구경시장 상인들을 비롯한 군민들의 적극적인 관심 덕분에 작년보다 더 많은 성금이 모금되었습니다. 작년과 마찬가지로, 성금은 전액 지역사회 취약 계층의 혹서기 대비를 위한 선풍기 구입 및 기부에 쓰일 예정입니다.

어제 행사를 계기로, 지역과 연계한 교육 활동을 통해서 학생들이 소속감을 갖게 되는 동시에 자기주도적 문제해결력, 그리고 배려와 나눔 의식까지 모두 신장되길 기대합니다.

초록학교 실천 활동 Eco

플라스틱 없는 바다, 내가 바라던 바다

 초록학교 실천 일기

단양중학교 환경동아리 세단에서는 오늘 바다의 날을 맞아 학생들과 '플라스틱 없는 바다, 내가 바라던 바다' 캠페인을 실시하였습니다.

대한민국은 2016년 통계청 기준 1인당 연간 플라스틱 사용량 1위를 기록할 만큼 플라스틱의 홍수 속에 살아가고 있습니다. 플라스틱은 20초 만에 생산되고 불과 몇 분 동안 사용되지만, 분해되는 데는 400년이 걸린다고 합니다. 우리가 매일 사용하는 플라스틱 칫솔 역시 연간 39억 개나 버려지는데, 1개의 칫솔이 분해되는 데는 400년이나 걸립니다. 2050년이 되면 바닷속에 해양생물보다 플라스틱 쓰레기가 더 많아질 것이라는 연구 결과도 있습니다. 이러한 문제의식을 가지고, 오늘 세단에서는 본인이 사용하던 플라스틱 칫솔을 가져오면 친환경 분해 가능한 대나무 칫솔로 교환해주는 캠페인을 실시하였습니다. 귀여운 해양생물 젤리 간식도 나눠줬습니다. 교사, 학생 모두 생소한 대나무 칫솔을 보고 직접 양치질을 해보며 가격과 성능 등에 대해 자세히 묻기도 하는 등 적극적인 관심을 보여주었습니다. 시중의 대나무 칫솔은 인터넷 쇼핑몰에서 쉽게 구할 수 있습니다. 가격과 성능도 플라스틱 칫솔과 비슷합니다.

오늘 캠페인을 계기로 앞으로 완전 분해가 가능한 대나무 칫솔에 관한 관심이 이어지기를 기대합니다.

초록학교 실천 활동

꼬마농부 이야기

2020년 5월 8일

초록학교 실천 일기

　단양중학교에서는 작년에 이어 올해도 초록학교, 농어촌학교 특색 프로그램의 일환으로 텃밭 노작 교육(꼬마농부이야기) 활동을 운영합니다.

　올해는 장현리 마을 텃밭에 학교 이름을 건 천막도 멋있게 치고, 책상과 의자도 가져다 놓아 쉼터도 조성하였습니다. 며칠에 걸쳐 감자, 고추, 옥수수, 가지, 참외, 호박, 오이 등의 모종을 직접 심으며 구슬땀을 흘렸습니다. 개학 후라면 아이들도 함께했을 테지만, 교장 선생님과 교직원 몇 분께서 함께 고생하셨습니다. 등교 수업이 재개되면 작물들을 수확하며 놀라워할 아이들의 모습이 눈에 선하며 기대가 됩니다. 어버이날 기념 마을 삼계탕 잔치에 초대해주셔서 거하게 대접해주신 장현리 이장님께 감사의 말씀을 드립니다.

초록학교 실천 활동

UNDER THE SEA

2020년 5월 10일
바다식목일

 초록학교 실천 일기

　단양중학교에서는 지난 바다식목일을 기념하며 'UNDER THE SEA' 캠페인을 실시하였습니다.

　바다식목일은 점차 황폐화되어가는 해양생태계의 심각성을 알리고자 2013년 대한민국 해양수산부가 세계 최초로 지정한 날입니다. 바닷속에 서식하고 있는 다양한 해양생물에 대한 정보를 쉽고 재미있게 알기 위해 모바일 게임을 활용하여 '나만의 바다 만들기' 체험 행사를 진행하였습니다. 처음에는 바닷속에 물고기나 산호, 미역, 해초, 말미잘 등의 수가 적었으나 시간이 지날수록 제법 개체 수가 많아지더니, 돌고래를 키우는 학생, 개복치를 키우는 학생들이 생겨나는 모습을 보고 함께 놀라워했습니다. 자신만의 애착 물고기를 만들어 바다와 교감하는 아이도 있었고, 생각했던 것보다 아름다운 바닷속 생태계의 모습을 보며 실제 바다 생태계의 환경 보호를 위해 무엇을 해야 할지 함께 고민해보기도 했습니다.

　행사에 참여한 학생에게는 해양 동물 스크래치북과 해양 동물 인형, 해물과자(새우-새우깡, 문어-자갈치, 꽃게-꽃게랑, 오징어-오징어집, 고래-고래밥, 젤리밥 등)를 택배로 보내주었습니다. 택배 상자 옮기는 일에 너나할것없이 동참해주신 선생님들께 감사의 말씀을 드립니다.

이번 캠페인은 다른 캠페인과 달리 터치게임이라 그런지 손가락이 아픈 캠페인이었다. 하지만 나의 아픈 손가락보다 그물에 온 몸이 걸리고 플라스틱을 먹어 병에 걸린 바다 속 생명들이 더욱 고통스럽고 아파하고 있다는 내용을 보니, 내 손가락이 아픈건 아무것도 아닌 것처럼 느껴졌다. 실제 심해(바다)가 내가 꾸민 작지만 아름다운 심해(바다)처럼 건강한 모습으로 변했으면 좋겠다. 쓰레기가 없어 자유롭게 헤엄치는 이 물고기들이 귀여웠지만 한편으로는 씁쓸했다.

바다식목일을 맞이하여 "어비스리움" 이라는 게임을 한 번 해보았는데, 이번 온라인 캠페인은 우리가 제일 흔히 접할 수 있는 스마트폰으로 하는 활동이어서 그런지 좀 더 적극적으로 하게 되는 캠페인이였던 거 같았다. 이 게임을 하는 방법은 아주 특별한 조작이 필요하지 않아도 되는 게임이기 때문에 아이나 어른, 누구나 지루할 때, 심심할 때, 즐기면서 게임을 플레이할 수 있을 것 같다고 생각이 든다. 그리고 이 게임을 하게 되면서 나에게 조금의 관심이 없던 나에게 조금의 공부가 되었다고 느꼈다. 태평양 쪽에는 어떤 생물이 살고, 대서양 쪽에서는 어떤 생물이 사는지 등등에 대해서 말이다. 또 나만의 수족관을 내 마음대로 키워 나가면서 힐링을 느끼고 꾸미는 성취감을 갖는 것이 정말 재밌었다. 나는 이 게임을 해양 생물에 대해 관심이 많은 친구나 또는 나처럼 해양 생물에 대해 재밌게 다가가고 싶은 친구에게 추천해 주고 싶다.

세상을 바꾸는 착한 소비

2020년 5월 20일
공정무역의 날

 초록학교 실천 일기

단양중학교에서는 세계공정무역의 날을 기념하여 '세상을 바꾸는 착한 소비, 공정무역' 캠페인을 실시하였습니다.

매년 5월 둘째 주 토요일은 전 세계가 함께 기념하는 '세계공정무역의 날'입니다. 코로나-19가 아니었다면 지난 주말 광화문 광장에서 대대적인 공정무역 축제가 열렸을 테지만, SNS를 활용한 온라인 캠페인만 운영되었습니다. 공정무역이란 제품이 구매자에게 닿기까지의 과정에서 모든 생산자에게 정당한 대가가 돌아갈 수 있도록 하는 운동을 말합니다. 쉽게 이야기해서 우리가 천 원짜리 초콜릿을 사서 먹으면, 카카오 농부에게는 20원~50원이 돌아가고, 초콜릿 회사는 700원을 가져갑니다. 대부분의 카카오 농부들은 평균 하루 2달러(2천 원 남짓) 미만의 임금을 받으며, 하루 15시간 이상의 노동을 강요받고 있습니다. 놀라운 것은, 노동을 강요받는 카카오 농부들은 성인만 있는 것이 아니라 우리 중학생 나이보다 훨씬 어린 아동들도 다수 존재한다는 것입니다. 결국 공정무역 인증 마크를 획득한 초콜릿을 사서 먹으면 카카오 농부들이 현실적인 임금을 받도록 노동 환경을 개선하는 데 도움이 됩니다.

학생들에게 공정무역의 10가지 원칙을 안내하고, 공정무역 관련 유튜브 영상(공정무역 축구공, 초콜릿 지옥)을 시청하도록 하고, 과잉 노동 강요를 받는 사람들에게 보내는 위로, 공정무역 제품 구매 약속, 다짐을 담은 짧은 편지(500자 내외)를 작성하여 SNS로 제출하도록 하였습니다.

참여한 학생들에게는 공정무역 초콜릿과 공정무역 견과류(건살구, 건체리, 건바나나, 건파인애플 등)을 택배로 보내주었고, 교직원들께는 공정무역 커피와 견과류를 드렸습니다. 이번 행사를 계기로, 우리 아이들이 환경 존중을 포함한 공정무역의 10가지 원칙을 생활 속에서 이행할 수 있도록 실천방안을 고민할 수 있기를 바랍니다.

초콜릿 감옥 이라는 영상을 보니 수많은 과잉 노동 강요를 받는 사람들이 안타깝게 느껴졌다. 자신이 엄청난 노력과 에너지 소모를 통해 만든 것임에도 그에 비해 너무나 적은 돈을 받는다는 것이 정말 있어서는 안되는 일이라고 생각하고, 그 돈으로 생계가 달린 사람들을 생각하니 이제부터는 꼭 공정무역마크가 있는 초콜릿을 사먹어야겠다고 생각했다. 그 분들에게 내 위로가 직접적으로 전해지진 않더라도 이렇게 안타까운 상황에 놓인분들을 진심으로 응원하고 행동하면 나를 포함해 많은 분들의 위로가 닿을것이라고 생각한다. 지금도 불공평한 대우를 받으며 피땀흘리며 일하는 모든 사람들이 꼭 행복해졌으면 좋겠고, 그 노력의 대가를 깊게 느끼고 생각하며 살아가겠다. 나의 작은 행동이 그 분들에게 꼭 도움이 됐으면 하고, 나를 포함해 더 많은 사람들이 이 사실을 알고 초콜릿 하나라도 공정무역 마크가 있는 초콜릿을 사면 좋겠다. 오후 10:33

처음 영상을 보고 놀랐습니다. 영상을 보며 공정무역에 대해 자세히 알아보았더니 제가 알고 있던 것보다, 생각했던 것보다 더 잔인하고 슬프게 느껴졌기 때문입니다. 일단 저는 제가 할 수 있는 일이 무엇이 있을까부터 생각해보았습니다. 그 결과로는 1.항상 공정무역 10가지 원칙을 기억하고 있는다. 2. 쇼핑을 할 때 최대한 공정무역 인증 마크가 있는 상품을 사도록 노력한다. 3.돈을 조금씩 모아서 '아름다운 커피'와 같이 공정무역 기업의 캠페인이나 기부에 참여한다. 등이 있었습니다. 저는 앞으로 일상생활을 하면서 이 3가지를 꼭 실행에 옮길 수 있도록 최선을 다할 것입니다. 또한 주위를 둘러보면 예전부터 공정무역 운동을 지지해온 분들도 계시고 저처럼 저처럼 최근에 어떤 계기로 인해 공정무역 운동에 관심을 갖고 지지하시는 분들도 계십니다. 그래서 영상과 같이 과잉 노동 강요를 받고 있는 분들께 전 세계의 많은 사람들이 과잉 노동과 아동/강제노동 금지, 공정무역 운동에 있어서 작은 일부터 큰일까지 열심히... 오후 7:19

세요?저는 담양중학교 3학년 ...입니다. 전에 다큐멘터리에서 공정무역과 카카오 농장 영상을 본적이 있어요. 많이 억울하시고 힘드시죠. 평소에 많은 관심을 가지고 참여하지 못해 죄송해요. 저는 초콜릿을 평소에 많이 좋아하는 편인데요. 공정무역 인증마크를 미처 확인하지 못하고 그저 눈에 집히는 대로 골리는 초콜릿을 작 먹곤 했어요. 하지만 오늘 공정무역 관련 영상을 보고 많은 생각을 하게 되었고 저처럼 얼마나 많은 노동을 강요당하면서도 먹고살기위해 어떻게 어떤 일을 하시는 모습을 보고 많은 반성을 하게 되었던 것 같습니다. 저에겐 평범한 소비도 누군가에겐 피땀흘려 버는 별 수 있는 소득이라는 것을 깨달게 못했습니다. 이제는 생각없는 소비를 불공정한 소비 대신 공정무역 인증 마크를 확인한 후 합당한 소비를 하도록하겠습니다. 또한 공정무역 원칙 중 하나인 공정무역 홍보에 영상이나 이런 홍보물을 제 주변인 만큼은 꼭 올바른 소비를 할 수 있도록 알곤겠습니다. 지금 당... 오후 7:06

To. 과잉 노동강요를 받는 분들께 안녕하세요?가 저는 대한민국에서 살고있는 15살 ...라고 합니다. '세계공정무역의 날'을 기념해 영상 두가지를 봤어요. 많이 힘드셨죠..?.. 하루에 10시간 이상을 축구공을 만들고, 카카오공장에서 일을 하셔도 정말 너무 경제적으로 어려워서 어쩔 수 없이 다른 선택지가 없어서 내 아이까지 일을 해야 하는 상황은 어땠을까요..정말 상상도 못한 그런 심정이었을 것 같아요... 그렇게 뼈빠지게 일을 해도 수익의 5%정도밖에 못 버니... 얼마나 힘드셨을까... 앞으로는 점차 나아지길 바래요. 아니 그래야되요 힘드신 거 알아요. 과잉노동 강요받는 분들이 얼마나 고생하고 얼마나 노력하고 열심히 살고있는지 알고있어요. 그래도 보기좋지가 말고 꼭 열심히 하셔서 이 상황을 극복해내시길 바래요. 혼자 노력하는게 아니라 저희 모두가 현재 과잉노동을 강요받는 분들을 응원하고 앞으로는 물건을 살 때 공중무역 마크가 있는 물건만 사도록 굳게 다짐하고 약속할...

SAVE US, SAVE EARTH

 초록학교 실천 일기

단양중학교에서는 5월 22일 생물종다양성보존의 날을 맞아 멸종위기 동식물 보호의 필요성과 중요성을 인식하기 위해 'SAVE US, SAVE EARTH' 캠페인을 실시하였습니다.

학년별 SNS(밴드)에 단양 서식 멸종위기 동식물 26종 현황에 대한 자료를 올리고, 멸종위기 동식물 보호의 취지를 이해하도록 하였으며, 모바일 게임 애플리케이션 '사파리 프렌즈'를 통해 나만의 동물 초원 만들기 활동을 수행하도록 안내하였습니다. 저 역시 게임 활동에 참여하면서, 처음에는 1~2종의 동물밖에 없던 초원이 여러 동물로 가득차는 모습을 보았습니다. 그리고 그 동물들이 뛰노는 모습을 보며 멸종위기 동식물 보호의 필요성을 체감할 수 있었습니다. 초원 만들기 게임 활동 결과물을 SNS로 제출하도록 한 뒤 참여하는 학생에게는 동물 과자, 동물 젤리, 동물 사탕과 페이퍼토이 동물 활동지 등을 택배로 보내주었습니다.

지구에 살고 있는 전체 생물종 약 800만 종 가운데 12%가 넘는 100만 종이 수십 년 안에 멸종할 것이라고 합니다. 이번 행사를 계기로 이러한 심각성에 대해 인식하고, 자연과 함께 공존하는 삶의 자세를 갖기 바랍니다.

초록학교 실천 활동 *Eco*

6월의 이야기

북극곰의 눈물을 닦아주세요

 초록학교 실천 일기

　오늘 점심시간에는 세계환경의 날을 맞아 '북극곰의 눈물을 닦아주세요'를 주제로 온실가스 절감 환경보호 캠페인을 전개하였습니다. 북극 생태계 바로 알기 VR 체험, 온실가스 절감 서약을 담은 빙하 포스트잇 부착 퍼포먼스를 진행하였습니다. 북극곰 부채도 기념품으로 준비했습니다. 저마다 일상에서 온실가스 절감을 위해 실천하는 계기가 되기를 바랍니다.

초록학교 실천 활동

지역사회 연계 생태환경 프로젝트
(지역의 문제, 지역으로 푼다)

2017년 6월 21일

 초록학교 실천 일기

　환경동아리 '세단' 아이들과 지역사회 연계 생태 환경 프로젝트를 진행하였습니다. '지역의 문제, 지역으로 푼다.'라는 주제로 단양의 석회수로 인한 피부질환에 도움이 되고자 단양의 아로니아로 천연비누를 만들었습니다. 직접 비누 반죽을 주무르고 자르며, 350개의 비누를 하나씩 포장하며 아이들의 마음도 한층 더 성장했으리라 믿습니다. 오늘 장날을 맞아 구경시장을 찾은 단양군민들께 이 비누들을 무료로 나눠드리면서 유네스코 활동의 취지를 살려 불우이웃 돕기 성금도 모금하였습니다. 아이들도 처음에는 부끄러워했지만, 나중에는 저보다 더 적극적이었습니다. 끝나고 구경시장 주변 환경정화 활동도 하였습니다.

　아이들이 이번 활동을 계기로 자신들이 사는 지역의 약점과 강점을 잘 알게 되었으면 합니다. 또한 나눔을 실천하는 과정을 통해 미래 단양 발전의 핵심 원동력이 되리라 믿습니다.

초록학교 실천 활동

초록학교 실천 일기

　시중의 화장품에는 각종 화학 첨가물과 미세 플라스틱이 많이 함유되어 있습니다. 오늘 단양중학교 환경동아리 세단은 구경시장 문화광장에서 '지역의 문제, 지역으로 푼다'라는 주제로 지역사회 연계 생태 환경 프로젝트를 실시했습니다. 군민들께서 많은 성원과 격려를 해주셨습니다.

　단양중학교 학생들이 직접 만든 아로니아 천연스크럽제를 군민들께 무료로 배부하며, 그 과정에서 불우이웃돕기 성금을 모금해 지역으로 환원하는 것을 목적으로 실시하였습니다. 일체의 화학 첨가물 없이 베이킹소다 가루와 오트밀 가루, 아로니아 가루로만 천연스크럽제를 만들어 배부하였습니다. 군민들께서 적극적인 관심을 보여주셔서 약 20만 원의 기금을 모금할 수 있었습니다. 해당 기금은 전액 단양의 불우이웃을 위해 기부됩니다. 빠른 시일 내에 기부 모습도 보고드리겠습니다. 더운 날씨에 무척이나 힘들었을 텐데도 약 2시간 동안 전혀 힘든 기색 없이 웃으며 열심히 진행해준 세단 동아리 학생들에게 박수를 보냅니다.

　오늘 행사에 아로니아 가루를 협찬해주신 아로니아 가공센터와 장소를 협찬해주신 구경시장 상인회 여러분께 감사의 말씀을 드립니다.

초록학교 실천 활동 Eco

초록학교 실천 일기

　지역사회 연계 생태 환경 프로젝트 '지역의 문제, 지역으로 푼다' 행사와 관련하여, 단양중학교 환경동아리 세단 회원들은 지난 6월 1일 단양 구경시장에서 불우이웃 돕기 성금 모금을 진행하였습니다. 그리고 오늘 세단 회원들과 단양읍주민센터를 방문하여 지역사회 취약계층의 혹서기 대비를 위해 선풍기 11대를 기부하였습니다. 우리 아이들이 지역사회와 연계한 생태 환경 프로젝트를 진행하고, 프로젝트 활동 중 모금한 성금을 다시 지역사회에 환원함으로써 단중인, 나아가 단양인이라는 것에 대해 자부심을 가지고 주인의식을 가졌으면 하는 바람입니다.

초록학교 실천 활동 𝓔𝓬ₒ

초록학교 실천 일기

단양중학교 환경동아리 세단은 지역사회 연계 생태환경 프로젝트 '지역의 문제, 지역으로 푼다'를 구경시장에서 실시하였고, 오늘 그 결과물을 지역으로 환원하는 시간을 가졌습니다.

단양 지역의 석회수로 인한 피부질환의 해답은 단양 지역의 아로니아에서 찾는다는 취지로, 세단 학생들이 직접 비누베이스를 녹이고 각종 한방가루와 아로니아가루를 섞어 아로니아 천연비누 400여 개를 만들었습니다. 5월 23일 단양구경시장에서 군민들께 무료로 배부하고, 지역사회 불우이웃 돕기 성금 모금 행사를 병행한 결과 지역사회 취약계층의 혹서기를 대비하여 선풍기 20대를 기부할 수 있었습니다. 오늘 방과 후에 단양군청을 방문하여 군수님을 찾아뵙고 단양 지역의 환경과 관련한 간담회 자리에서 직접 전달하였습니다.

세단 동아리 대표 양다혜 부장은 미세먼지측정기 추가 설치와 단양군 차원에서의 플라스틱 줄이기를 군수님께 직접 제안하였고, 군수님께서도 긍정적으로 답변해주셨습니다. 푸른 지구를 만들기 위해 모두가 머리를 맞대며 의미 있는 시간을 보냈습니다. 앞으로도 푸른 지구를 만들기 위해 아이들과 함께 항상 고민하고, 실천해야겠습니다.

초록학교 실천 활동 Eco

초록학교 실천 일기

어제 단양중학교 환경동아리 세단에서는 농어촌학교 특색프로그램 '꼬마농부이야기' 사업 6월 활동을 진행하였습니다.

지난번에 심은 토마토, 가지의 곁가지를 잘라주고 잘 자랄 수 있도록 하나하나 묶어주며 사랑을 듬뿍 주었습니다. 밀짚모자를 준비했음에도 내리쬐는 땡볕에 힘들었을 법한데도 불평 하나 없이 웃으며 함께해준 동아리 아이들이 고맙습니다. 한여름이 지나고 비도 맞으며 작물이 무럭무럭 자라면, 아이들은 자신들이 기른 작물을 수확할 것입니다. 그 수확의 날을 기다리는 아이들의 눈빛이 비장합니다. 아이들이 고생한다며 빵이며 수박을 내주신 장현리 이장님과 노인회장께 감사드립니다.

초록학교 실천 활동

쪽빛 하늘, 쪽빛 손수건

2019년 6월 20일

초록학교 실천 일기

   6월 20일 단양중학교 환경동아리 세단에서는 원주지방환경청의 도움으로 천연 염색 활동을 진행하였습니다. 강사님의 설명을 들으면서 저마다 별, 동그라미, 네모 등 원하는 패턴으로 쪽빛 스카프를 만들며 즐거운 시간을 보냈습니다. 본관 건물 뒤편 그늘에 모여 선선한 바람을 맞으며 잠시 더위를 날려버릴 수 있었습니다. 아이들의 웃음과 시원한 바람, 쨍한 쪽빛이 어우러진 예쁜 하루였습니다.

초록학교 실천 활동 Eco

초록학교 실천 일기

　단양중학교는 지난 6월 17일 새로운 급식소(안다미로) 개소식을 가졌습니다.

　환경동아리 세단에서는 급식소 신축을 기념하며 6월 17일(월)부터 21일(금)까지를 잔반 줄이기 주간으로 정하고 학년별 잔반 제로 학급을 선정하였습니다. 제가 직접 일주일 동안 퇴식구에서 잔반 상태를 확인하였습니다. 국물류와 소스류는 제외하고, 음식의 90% 이상을 먹은 학생들과 교직원들에게 사탕과 스티커를 배부하였습니다. 배부받은 스티커는 급식소 밖에 준비해 놓은 학급별 활동지에 부착하도록 하여 일주일 간 학급별 대항전을 실시하였습니다. 그 결과 5일 동안 전교생 1500명(300명×5일) 중 1200명 가량이 참여하는 놀라운 성과를 보였습니다. 학년별로 가장 스티커를 많이 모은 학급을 잔반 제로 학급으로 선정하여 학급운영비를 지원하였습니다.

　1학기의 잔반 줄이기 주간은 끝났지만, 이번 행사를 계기로 우리 학생들이 국제 빈곤의 심각성과 음식물쓰레기 문제에 대해 항상 관심을 갖게 되기를 바랍니다.

초록학교 실천 활동

어르신-청소년 소통 공감 리사이클링 공예 활동

2019년 6월 28일

 초록학교 실천 일기

　어제 단양중학교 환경동아리 세단에서는 대한노인회 단양군 지부의 협조로 도전1리 경로당을 찾아 어르신-청소년 소통 공감 프로그램 1회차를 진행하였습니다.

　어르신들과 함께 대화하며 유리병과 플라스틱 컵 재활용 리폼 공예 활동을 하였습니다. 이를 통해 환경의 소중함도 깨닫고, 어르신들과 학생들이 서로 이해하고 공감하는 시간도 가졌습니다. 대한노인회 단양군지회의 도움으로 9988 행복나누미 강사님께서 팬시우드 공예와 유리병 디퓨저 재활용 공예 활동을 진행해주셨습니다. 한 번 사용하고 버리는 줄 알았던 유리병에 새 생명을 불어넣어 은은한 향기가 나는 멋진 디퓨저병으로 만드는 아이들의 표정이 제법 진지합니다.

　앞으로도 지역사회와 꾸준히 연계하여 생태 환경 교육의 범위를 확장시켜나갈 수 있도록 열심히 고민하고 공부해야겠습니다. 적극 지원해주신 대한노인회 단양군지부 관계자분들께 감사드립니다.

초록학교 실천 활동

교내 환경 사진전 개최

2020년 6월 5일
환경의 날

 초록학교 실천 일기

　단양중학교에서는 5월 31일 바다의 날과 6월 5일 환경의 날을 맞아서, 대한민국 환경사랑 사진 공모전의 역대 수상작들로 환경사진전을 열었습니다. 아침 등교 시 발열 검사를 하면서 환경 사진을 감상할 수 있도록, 아름다운 환경을 담은 사진과 환경 파괴에 대해 문제를 제기하는 사진, 환경 보호에 대한 창의적인 아이디어를 담은 광고문 등 총 30점의 작품을 운동장에 전시하였습니다. 아침 일찍부터 준비하느라 몸은 고되었지만, 나름 심각하게 관람하는 학생들의 모습을 보며 보람을 느꼈습니다.

초록학교 실천 활동

단양환경단체협의회 실시

 초록학교 실천 일기

단양중학교에서는 6월 5일 제25주년 세계 환경의 날을 맞아 단양환경단체협의회를 개최하였습니다.

단양환경단체협의회는 단양중학교 세단 동아리를 비롯해 매포읍 공해대책위원회, 에코 단양, 잼나는 환경학교, 충북수생태협회가 주축이 되어 아름다운 단양을 만들고 푸른 지구를 만들겠다는 일념으로 지난 2020년 2월 첫 모임을 시작했습니다. 오늘은 환경의 날을 맞아 여러 단체 선생님들 앞에서 세단 동아리의 활동 내역, 그리고 앞으로의 활동 계획에 대해 말씀드렸습니다. 다음 주까지 단양중학교에서 전시 예정인 환경사진전도 함께 감상하고, 단양 최초의 환경소식지 '단양의 아침' 발간을 자축하며 각 단체의 활동 방향에 대해 협의하기도 하였습니다.

앞으로 미세먼지 분야는 매포읍 공해대책위원회가, 수생태와 샛강 살리기 분야는 수생태협회와 에코단양이, 학생 환경 교육 분야는 세단 동아리와 잼나는 환경학교가 중심이 되어 추진하기로 하였습니다. 앞으로 단양환경단체협의회의 정기적인 활동이 지속되기를 바랍니다.

초록학교 실천 활동

내 책상 위
0.1평 공기청정기

 초록학교 실천 일기

단양중학교 환경동아리 세단에서는 6월 17일 사막화방지의 날을 맞아 '내 책상 위 0.1평 공기청정기'라는 주제로 공기정화식물 기르기 캠페인을 실시하였습니다.

사막화방지의 날은 사막화방지협약이 채택된 날을 기념하는 것으로, 인간의 무분별한 개발과 기후변화로 인한 토양 침식, 산림 황폐화, 그리고 이에 따른 사막화에 경종을 울리고자 국제 연합(UN)에 의해 지난 1994년 6월 17일 제정되었습니다. 인근 나라인 중국이나 몽골은 이미 국토 사막화가 매우 심각한 상황입니다. 그에 따라 우리나라에 미치는 황사, 미세먼지와 같은 영향도 어마어마합니다. 온실가스 문제 역시 심각합니다. 지금과 같이 온실가스 배출이 계속된다면, 50년 이내에 전 세계 인구 1/3은 연평균 기온이 29도인 곳에서 살게 될 것이라는 연구 결과도 발표된 바 있습니다. 현재 지구에서 연평균 기온이 29도인 곳은 사하라 사막뿐입니다. 우리의 아들딸들이 사하라 사막에서 살아가게 될 생각을 하면 끔찍합니다. 그래서 사막화 방지의 날을 맞아 사막화의 심각성과 탄소 배출 절감의 필요성을 알리기 위해 점심시간을 이용하여 교내 현관에 부스를 꾸몄습니다. 세단 아이들이 전교생과 교직원들에게 공기정화식물(아이비, 호야, 고무나무, 페페, 필레아 등)과 대나무칫솔 1세트(4개)를 배부하며 일상 속에서의 친환경 저탄소 생활 실천을 약속하였습니다. 학생들이 배부받은 식물 화분은 학급에서 저마다의 초록 정원으로 꾸며질 예정입니다. 작년에 처음 배부했던 대나무칫솔에 대한 반응이 좋아 이번에는 가족 전체가 대나무칫솔로 바꿀 수 있도록 1세트씩 배부하였습니다.

이번 행사를 시작으로 일상 속의 저탄소 실천, 친환경 생활 습관에 대해 다시금 고민하고 푸른 지구를 만들기 위해 다함께 고민할 수 있는 계기가 되었으면 하는 바람을 가져봅니다.

초록학교 실천 활동

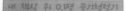

더위야 물렀거라

 초록학교 실천 일기

어제 단오를 맞이하여 단양중학교 세단 동아리에서는 농어촌 청소년육성재단 주관 2020 농어촌청소년 소원성취 프로그램의 일환으로 '더위야, 물렀거라' 행사를 실시하였습니다.

소원성취 프로그램은 농어촌청소년의 다양한 활동 참여를 지원함으로써 성장기 청소년의 균형 발달을 도모하고자 농어촌청소년육성재단이 지난 2006년부터 실시한 프로그램입니다. 단양중학교 세단 동아리는 어르신-청소년 소통, 공감 활동 분야에 공모하여 충북에서는 유일하게 지정되었습니다. 점심시간에는 교장선생님께서 직접 수리취떡과 식혜를 배식하셨고, 단오날에 옛 선조들이 아이들의 건강을 기원하며 각 가정에 선물했다는 장명루 팔찌 만들기 세트도 배부하였습니다.(코로나 예방을 위해 현장에서 만들기 체험은 진행하지 못하고, 각 가정에서 만들어보도록 안내하였습니다) 오후에는 세단 동아리 학생들이 장현리 마을을 방문하여 어르신들과 둘러앉아 수리취떡과 식혜를 함께 나누고, 어르신들의 건강을 기원하며 직접 주문 제작한 단오선(부채)을 선물하는 등 뜻깊은 시간을 가졌습니다.

코로나-19의 영향으로 시작은 늦었지만, 작년부터 이어져온 마을과의 인연을 올해도 계속할 수 있게 되었습니다. 어르신들과 함께 체험하고, 소통하며, 공감하는 과정을 통해 자연스러운 인성 교육의 장이 펼쳐질 것으로 기대해봅니다.

초록학교 실천 활동

사회적 플라스틱 거리두기 전시회 개최

2020년 6월 29일

 초록학교 실천 일기

단양중학교에서는 오늘부터 2주간 '사회적 플라스틱 거리두기'라는 주제로 플라스틱 리사이클링 교내대회 전시회를 엽니다.

작가 초청 전시회 형식으로 본관 1층 중앙에 현수막도 걸고, 잔잔한 팝페라 배경음악도 깔고, 방명록과 리플렛도 비치하는 등 나름 전문 전시회처럼 꾸며보았습니다. 신종 코로나 바이러스 예방 수칙을 '신종 플라스틱 바이러스 예방 수칙'으로 재구성하였습니다. 텀블러 사용, 마음 씻기, 분리수거 예절 등의 방법을 제시하며 감염이 의심될 시 플라스틱으로부터 자가격리 후 환경동아리와 상담할 것을 강조하였습니다. 총 36명의 학생 작가들이 출품을 하였는데, 주된 메세지는 아름다운 단양에 대한 홍보와 파괴되는 환경에 대한 경각심 등의 내용이 많았습니다. 현재 공룡 화석이 발견되는 것처럼 먼 미래에는 온전한 모습의 플라스틱 화석이 발견될 것이라는 아이부터, 지구본을 분해하고 각종 플라스틱을 채워 넣어서 플라스틱 쓰레기로 가득 찬 지구가 썩어가고 있다는 메세지를 전달하는 아이까지 그 참신한 발상과 과감한 제작 추진력은 교사, 학생 할 것 없이 보는 사람들의 탄성을 자아내기에 충분했습니다.

앞으로 '사회적 플라스틱 거리두기' 전시회가 단양중학교를 넘어 단양을 대표하는 학생 예술 전시회가 되기를 기대합니다. 7월 10일까지 진행되니, 단양을 지나실 일이 있으시면 부담 없이 들러서 관람하셔도 좋습니다.

초록학교 실천 활동

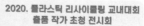

7월의 이야기

11일   인구의 날

22일   대서

초록학교 실천 일기

어제 그리고 오늘, 단양중학교 환경동아리 세단 아이들과 함께 7월 11일 인구의 날을 맞아 국제 빈곤의 심각성에 대해 알고 음식물쓰레기 절감에 동참하고자 잔반 줄이기 캠페인을 실시하였습니다. 이틀 동안 약 460여명이 배식된 급식을 모두 먹으며 적극적으로 참여하였습니다. 각 학년별로 학급 정원 대비 참여인원을 비율로 따져 1학기 '잔반 zero 학급'을 선정하여 학급 운영비를 지원하게 됩니다. 내일 동아리 축제 때 무대에서 세단 아이들이 직접 수상의 주인공을 발표합니다. 날이 무척이나 더운데도 힘든 내색 없이 열심히 참여해준 세단 아이들이 대견하고 고맙습니다.

초록학교 실천 활동

초록학교 실천 일기

　오늘 단양중학교 환경동아리 세단에서는 협약을 맺은 장현리 마을을 찾아 초복 맞이 삼계탕 마을 잔치를 벌였습니다. 닭과 과일은 단양중학교에서 제공하고, 장현리 마을과 에코 단양에서 인력을 제공해주셔서 시끌시끌한 마을 잔치를 열었습니다. 삼삼오오 모여앉아 저마다 닭 한마리씩 잡고 뜯으며 즐거운 시간을 보냈습니다. 점심을 먹고 나서는 어르신들과 학생들이 함께 리사이클링 공예(양말목을 활용한 컵받침, 브로치 제작)활동을 진행하였습니다. 어르신들이 예전에 베틀로 베를 짜시던 기억을 되살리시며 즐겁게 활동하시는 모습을 보고 절로 뿌듯한 시간이었습니다. 고생해주신 장현리 이장님을 비롯한 어르신들께 감사드립니다.

초록학교 실천 활동

초록학교 실천 일기

단양중학교 환경동아리 세단에서는 지난 12일 인구의 날을 기념하여 '7,714,576,923' 캠페인을 실시하였습니다.

세계 인구는 이미 60억을 훌쩍 넘어 2019년 3월 통계청 기준 77억을 돌파하였습니다. 1850년의 지구에는 11억 인구가 모여 살았습니다. 170년이 지난 오늘날의 인구는 80억 명에 육박하고 있습니다. 살고 있는 집의 크기는 똑같은데, 10명이 모여 살다가 80명이 모여 살게 되었으니 많은 문제점이 발생하고 있는 것이 현실입니다. 그 대표적인 문제는 환경 파괴이며, 국제 빈곤과 극단적인 부의 불균형 등 문제가 발생하고 있습니다. 이에 환경동아리 세단에서는 인구의 날을 맞아 지구 인구의 폭발적 증가에 따른 다양한 문제에 대해 관심을 갖고, 푸른 지구를 만들기 위한 경각심을 일깨우기 위한 활동을 진행했습니다. '지구가 100명이 모여 사는 마을이라면?' 이라는 안내 자료를 배부하여 오늘날 우리가 외면하고 있는 중요한 문제들에 대한 관심을 유도하였으며, 슈링클스 종이에 푸른 지구 모양이나 단양중 로고 모양을 그려오도록 한 다음 그것을 오븐에 구워서 핸드폰 고리를 만드는 체험도 진행하였습니다. 캠페인에 참여한 학생들에게는 지구 젤리를 배부하여 학생들이 많은 관심을 보였습니다.

지구를 둘러싼 많은 문제점들이 나와는 상관없는 일이라 생각하고 외면했다면, 오늘 캠페인을 계기로 공동체의식을 갖고 현실적인 해결방안을 고민해보는 기회가 되었으면 합니다.

초록학교 실천 활동

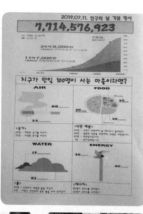

사회적 플라스틱 거리두기

초록학교 실천 일기

　단양중학교 환경동아리 세단에서는 오늘 신단양지역개발회가 주관하고 충주호환경협의회, 한국수자원공사충주권지사가 후원하는 단양청소년 호수사랑 환경지킴이 활동을 전개하였습니다.

　'사회적 플라스틱 거리두기'라는 슬로건 아래 우리가 일상적으로 사용하는 플라스틱 제품이 수생태를 오염시키고, 나아가 우리의 식수원까지도 위협한다는 사실을 단양군민들께 알리며 대나무 칫솔을 무료로 배부하였습니다. 우리가 무심코 매일 사용하는 플라스틱 칫솔이 400년간 썩지 않는다는 사실을 안내하고, 10년이 지나면 생분해가 가능한 대나무 칫솔을 배부하며 생활습관 개선을 요청드렸습니다. 무더운 날씨에도 많은 군민들께서 취지에 공감하시며 응원과 격려 말씀을 해주셨습니다. 더운 날씨에 아이들이 고생한다며 야구르트, 음료수, 부채 등을 내주시는 어르신들 덕분에 힘내서 활동을 마무리할 수 있었습니다. 동시에 진행한 불우이웃 돕기 성금 모금에도 많은 분들께서 도와주셨습니다.

　오늘 모금한 성금은 지역을 위해 전액 환원할 예정입니다. 땀이 줄줄 흐르는 무더운 날씨 속에 마스크를 쓰고 활동하느라 힘들었을 텐데도 웃으며 고생해준 세단 동아리 학생들이 대견하고, 고맙습니다.

초록학교 실천 활동

PEACH 못할 더위 삽니다

 초록학교 실천 일기

　단양중학교 동아리 세단에서는 어제 24절기 중 하나인 대서(大暑)를 맞아 'PEACH 못할 더위 삽니다' 행사를 실시하였습니다.

　대서는 연중 가장 더운 때로, 조상님들께서는 대서 무렵의 더위를 '염소뿔이 녹는다'고 표현할 정도로 일사량과 습도가 매우 높아 견디기 힘든 무더위를 겪게 되는 시기입니다. 더위를 이겨내는 가장 좋은 방법은 제철 과일을 먹는 것이라고 합니다. 특히 요새 제철 과일 중 복숭아는 건강과 장수를 의미하며, 신선들의 과일이라는 의미에서 선과로 불리기도 하였습니다. 대서를 맞이해 복숭아를 주제로 다양한 행사를 실시하였습니다. 점심 급식시간에는 전교생과 교직원에게 복숭아 빵과 복숭아 음료수를 나눠주며 건강을 기원하였고, 대서 안내 홍보지와 함께 복숭아 볼펜과 노트도 배부하였습니다. 또한 학교 이곳저곳에 복숭아 캐릭터를 숨겨놓은 후, 찾아오는 학생에게는 복숭아 캐릭터 보석십자수 가방걸이를 선물로 주는 활동도 진행하였습니다. 이를 통해 학생들이 몰랐던 절기에 대한 전통 풍습도 학습하고, 흥미도 이끌어낼 수 있었습니다. 지역사회 연계 활동으로 장현리 마을을 찾아 어르신들과 함께 복숭아를 나눠먹으며 어르신들의 장수를 기원하였고, 어르신들께서 더위를 이겨내시기를 바라며 죽부인을 선물하는 등 뜻깊은 시간을 가졌습니다.

　잊혀져가는 우리 민족의 전통을 계기로 친구들, 어르신들과 함께 소통하고 공감하는 시간을 가질 수 있었습니다. 앞으로도 다가올 절기에 맞게 다양한 교육활동을 전개해나갈 생각입니다.

초록학교 실천 활동

8월의 이야기

불을 끄고 별을 켜다

 초록학교 실천 일기

　오늘 단양중학교 환경동아리 세단에서는 제16회 에너지의 날을 맞아 '불을 끄고 별을 켜다' 캠페인을 실시했습니다.

　점심시간을 이용하여 2011년에 대한민국에서 일어났던 대규모 정전 사태와 전 세계에서 일어나고 있는 블랙아웃 사례를 소개하며 에너지 낭비의 문제점과 심각성을 환기하는 안내 자료를 배부하였습니다. 또한 여름철 막바지에 에어컨 사용량 절감을 위해 건전지 없이 작동하는 수동형 선풍기와 에너지 충전을 위한 에너지바 간식을 배부하였습니다. 또한 에너지시민연대에서 주관하고 전국 10개 시도에서 함께 실천하는 에너지 절약 행사에 동참하여 2시부터 3시까지 각 교실 학생들의 협조로 에어컨의 실내온도를 2도씩 올리기도 하였습니다.

　마지막으로 오늘 저녁 9시부터 9시 5분까지 전국 각 가정에서 실시하는 소등하기 행사의 일환으로 소등 행사 참여 모습 인증샷 공모전을 통해 참여를 독려하였습니다. 오늘 캠페인을 계기로 에너지의 소중함과 중요성에 대해서 깨닫게 되기를 바랍니다.

초록학교 실천 일기

단양중학교 동아리 세단에서는 8월 7일 입추를 맞이하여 'NO PLASTIC OK SUSU' 행사를 실시했습니다.

24절기 중 13번째 절기인 입추를 맞이해 학생들에게는 입추 안내 자료를 배부하며 입추의 의미, 풍습, 관련 속담 등을 학습하도록 하였고, 입추 제철 음식인 옥수수를 활용한 옥수수 아이스크림 시식 행사, 옥수수 보물찾기 행사, 옥수수 친환경 수세미 배부 행사 등을 통해 입추의 의미를 되새겼습니다. 마을 연계 활동으로 장현리 마을 어르신들과 세단 동아리 학생들이 함께 입추와 다가올 말복을 기념하며 어르신들께서 늦더위를 건강하게 이겨내시기를 기원하는 의미로 삼계탕을 함께 나누는 뜻깊은 시간을 가졌습니다. 입추를 주제로 잊혀져가는 민족의 절기에 대한 전통 체험은 물론 플라스틱 수세미, 플라스틱 빨대를 대신해 친환경 옥수수 수세미, 옥수수 빨대를 배부함으로써 생활 속에서 플라스틱 안 쓰기 환경 교육을 접목해 학생들의 눈길을 끌 수 있었습니다.

앞으로도 전통 체험 학습과 환경 교육을 접목할 수 있는 다양한 지점에 대해 고민하고, 연구해봐야겠습니다.

초록학교 실천 활동

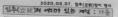

초록학교 실천 일기

　단양중학교 환경동아리 세단에서는 '대한민국 녹색쉼표 단양 되찾기 프로젝트'를 시작합니다. 단양이 자랑하는 천혜의 자연경관은 날로 심각해지는 미세먼지와 넘쳐나는 플라스틱 쓰레기로 시름시름 몸살을 앓고 있습니다. 그동안 단양군민들을 대상으로 대나무 칫솔 배부 등 플라스틱 안 쓰기 운동을 펼쳐왔던 것에서 나아가 플라스틱 소비 원천 차단을 목표로 단양 카페 사장님들의 협조 하에 'NO PLASTIC OK SUSU' 프로젝트를 실시합니다.

　그 시작으로 오늘 환경동아리 학생들과 함께 단양읍내 카페 10곳에 직접 방문하여, 프로젝트의 목적과 취지를 설명하고 옥수수 빨대 1박스(2,000개)를 무상으로 지원해드렸습니다. 향후 옥수수 빨대 등 친환경 빨대를 자체 구입하여 사용할 것을 약속하는 카페에는 단양환경단체협의회 명의의 'NO PLASTIC OK SUSU 플라스틱 빨대 없는 가게' 인증 현판을 걸어드리고 기념식도 가져볼까 합니다. 물론 옥수수 빨대를 사용하면 기존의 플라스틱 빨대보다 금전적인 비용 부담이 발생하기에, 사장님들의 부담을 최소화하고자 향후 친환경 빨대로의 전환 소비는 오로지 사장님들의 자율 의사에 맡기고, 오늘은 옥수수 빨대와 프로젝트 홍보에 최선을 다했습니다. 학생들이 훌륭한 일을 한다며 응원해주시고, 격려해주시는 사장님부터 실질적인 조언을 해주시는 사장님까지 여러 목소리를 들을 수 있는 뜻깊은 시간이었습니다.

　오늘 찾아뵙지 못한 사장님들께는 내일 찾아뵐 예정입니다. 오늘 아이들이 쏘아올린 작은 공이 하늘 높이 올라가 주위를 환히 밝히는 반짝이는 별이 되기를 소망해봅니다.

초록학교 실천 활동 Eco

9월의
이야기

재활용을 넘어 새활용으로

 초록학교 실천 일기

　어제는 단양중 초록학교 '9월, 지9를 9하라' 두 번째 활동으로 9월 6일 자원순환의 날을 기념하여 '재활용을 넘어 새활용으로' 행사를 진행하였습니다.

　각자 사용한 유리병을 세척 후 말려서 가져오면 저마다 원하는 색깔의 방향제볼(일명 개구리알)을 담을 수 있게 하였습니다. 라벤더, 레몬, 로즈마리, 베르가못, 유칼립투스, 피톤치트, 레몬그라스, 바질, 그레이프후르츠, 시더우드, 팔마로사 등의 100% 천연 아로마오일 중 자신에게 어울리는 향을 담아 멋진 아로마 디퓨저 병으로 새활용하였습니다. 미처 유리병을 챙겨오지 못한 친구들은 점심 후식으로 나온 야구르트병을 재활용하기도 하였습니다. 한 번 사용하고 버리는 줄만 알았던 유리병을 멋지게 다시 새활용하며 자신의 작품에 흐뭇해하는 모습에 절로 기분이 좋아졌습니다.

　어제 체험이 자원순환의 중요성과 필요성을 다시금 일깨우는 계기가 되었기를 바랍니다. 가뜩이나 좁은 연구실 한 켠을 행사를 위해 흔쾌히 내어주신 선생님들과 언제나 밝은 얼굴로 열심히 활동해주는 세단 동아리 학생들에게 고마운 마음을 전합니다.

초록학교 실천 활동

하늘구멍을 막아주세요

**2018년 9월 16일
세계오존층보호의 날**

 초록학교 실천 일기

　오늘은 단양중 초록학교 '9월, 지9를 9하라' 세 번째 활동으로 9월 16일 세계 오존층 보호의 날을 기념하여 '하늘구멍을 막아주세요' 행사를 진행하였습니다. 1970년도와 2015년도, 각각 남반구 오존 농도가 어떻게 달라졌는지 안내하며 오존층 파괴에 대한 경각심을 불러일으켰습니다. 또한 계속되는 오존층 파괴를 막을 수 있는 가장 효율적인 방법은 바로 일회용 종이컵을 쓰지 않는 것임을 안내하며 나만의 텀블러를 만드는 체험행사를 진행하였습니다.

　각자 원하는 아이돌 사진, 친구 사진, 가족 사진 등등을 텀블러에 오려 붙였습니다. 그리고 앞으로 친구와, 가족과, 사랑하는 이와 함께 지구를 지키는 데 앞장서기로 약속했습니다. 완성품을 보며 만족하는 아이들 표정을 보고 저도 절로 기분이 좋아졌습니다. 오늘의 체험이 일상생활에서 오존층 보호를 위해 무엇을 할 수 있는지 관심 갖게 되는 계기가 되었기를 바랍니다.

초록학교 실천 활동

CAR FREE DAY

 초록학교 실천 일기

　오늘은 단양중 초록학교 '9월, 지9를 9하라' 네 번째 활동으로 9월 22일 세계 차없는 날을 기념하여 'CAR FREE DAY' 행사를 진행하였습니다.

　오늘 아침 등교할 때 부모님의 승용차를 혼자 타고 오는 것이 아니라 대중교통, 도보, 카풀을 이용하는 학생에게 인증샷을 찍어 보내도록 하고 참여한 학생에게는 저탄소제품 간식(베지밀)을 배부하였습니다.

　세계 차없는 날은 1997년 프랑스를 시작으로 세계 1500여 도시에서 참여하는 대대적 행사입니다. 올해는 22일이 추석 연휴인지라 조금 일찍 실시하였습니다. 그 결과 오늘 하루에만 단양중 구성원 중 무려 111명이 참여하며 푸른 지구를 만드는데 힘을 모았습니다.

　오늘 행사를 계기로 단양중학교 학생들이 점차 친환경 교통수단을 활용함으로써 CO_2 연간 배출량을 줄이는 동시에 나무를 심는 효과로까지 발전할 수 있게 되기를 소망합니다.

초록학교 실천 활동

초록학교 실천 일기

오늘은 단양중 초록학교 '9월, 지9를 9하라' 마지막 활동으로 '드레스 코드 : 초록' 행사를 진행하였습니다.

9월 초록의 달을 마무리하는 기념으로 티셔츠, 머리핀, 머리끈, 밴드, 양말, 신발, 가방 등을 활용하여 다양한 초록색 패션 코드로 맞춰 입고 오는 학생 및 교직원들에게 초록색 간식(녹차 케이크, 녹차 모나카, 베지밀)을 배부하였습니다. 인스타그램(Instagram)을 패러디한 어스타그램(Earthtagram)에 자신들의 패션을 뽐내며 인증샷을 남기는 등 많은 학생들이 즐겁게 참여하였습니다. 창의적인 초록 아이템을 가져와 서로 웃음짓기도 했습니다.

단양중학교에서 자체 지정한 초록의 달은 끝났지만 앞으로도 다함께 초록의 가치를 같이 지켜나가는 단양중학교가 되도록 열심히 하겠습니다.

초록학교 실천 활동

9월의 크리스마스

2019년 9월 6일
자원순환의 날

 초록학교 실천 일기

단양중학교 환경동아리 세단에서는 오늘 제11회 자원순환의 날을 맞아 '9월의 크리스마스' 행사를 실시하였습니다.

작년에 이어 실시하는 단양중학교 자체 지정 초록의 달 '9월, 지9를 9하라' 프로젝트의 첫 번째 활동이기도 합니다. 저마다 각자 사용한 유리병이나 페트병을 가지고 오면 LED 와이어 전구를 넣어 LED 무드등으로 새활용하는 시간을 가졌습니다. 한 번 사용하고 버리는 줄 알았던 자원에 새 생명을 불어넣는 크리스마스의 기적을 경험하며 다들 즐거워했습니다. 1층 중앙현관에 크리스마스 느낌이 나는 등도 달고, 크리스마스 캐롤도 틀며 나름 크리스마스 분위기를 연출하였습니다. 그리고 LED 무드등을 만든 학생 및 교직원들에게는 산타 쿠키와 산타 반지를 배부하며 참여를 독려하였습니다.

오늘 행사로 자원 순환의 중요성과 필요성에 대해 알고, 재활용 및 새활용이 어렵지 않다는 것을 깨닫게 되었기를 바랍니다. 앞으로 단양중학교 환경동아리 세단은 초록의 달인 9월 한 달 동안 푸른 지구를 만드는 데 마음과 힘을 모아 다양한 활동을 전개해나갈 계획입니다.

초록학교 열두 달 이야기

초록학교 실천 활동

북극곰을 지켜주세요

 초록학교 실천 일기

오늘은 단양중학교에서 자체 지정한 초록의 달 '9월, 지9를 9하라' 프로젝트 두 번째 활동을 운영했습니다.

9월 16일 세계 오존층 보호의 날을 맞아 지구온난화에 대한 심각성을 환기하고자 '북극곰을 지켜주세요' 캠페인을 진행했습니다. 1975년도 남반구 오존 농도와 2015년도 남반구 오존 농도를 비교하는 안내 자료를 배부하고, 북극곰에게 하고 싶은 말을 북극곰 포스트잇에 적어 대형 북극 현수막에 붙이는 체험을 하였습니다. 또한 북극 생태계 동물 타투스티커 체험도 진행하였고, 펭귄 볼펜과 북극곰 노트를 배부하며 캠페인 참여를 독려하기도 하였습니다.

오늘 저마다 약속한 실천 사항들을 생활 속에서 꼭 지켜서 북극곰을 지키고, 푸른 지구를 지킬 수 있었으면 하는 바람입니다.

초록학교 실천 활동

꼬마농부 이야기 (3)
마을 탐구 활동 (3)

2019년 9월 20일

 초록학교 실천 일기

　어제는 농어촌학교특색프로그램 '꼬마농부 이야기'와 학생마을참여활동을 진행하기 위해 장현리 마을을 찾았습니다.

　세단 동아리 학생들을 두 조로 나누어 한 조는 텃밭에서 고구마를 캐고, 한 조는 마을회관에서 어르신들과 함께 추석맞이 활동을 하였습니다. 자신들이 직접 심은 고구마가 주렁주렁 달려 나오는 모습에 저마다 놀라움을 금치 못했습니다. 수확의 즐거움을 느끼며 자연의 위대함과 환경의 소중함에 대해 깨닫는 귀중한 시간이었습니다. 어르신들과는 클레이 송편 비누 만들기 활동을 통해 저마다 원하는 색깔의 예쁜 송편 비누도 만들고, 대형 윷놀이를 하면서 준비해간 송편과 약밥, 식혜도 먹고 즐거운 시간을 함께 보냈습니다. 진심으로 즐거워하시는 어르신들의 모습을 보며 저도 아이들도 모두 행복했던 하루였습니다.

초록학교 실천 활동 Eco

CAR FREE DAY

 초록학교 실천 일기

오늘은 단양중학교에서 자체 지정한 초록의 달 '9월, 지9를 9 하라' 프로젝트 세 번째 활동을 운영했습니다.

9월 22일 세계 차없는 날을 맞아 이번 주를 친환경 교통 주간으로 설정하여 저탄소 생활화를 위한 'CAR FREE DAY' 캠페인을 진행했습니다. 오늘 아침 등교할 때 부모님의 승용차를 혼자 타고 오는 것이 아니라 대중교통, 도보, 카풀을 이용하는 학생에게 인증샷을 찍어 보내도록 하고 참여한 학생에게는 카프리썬 음료를 배부하였습니다. 세계 차없는 날은 1997년 프랑스를 시작으로 세계 1500여 도시에서 참여하는 대대적 행사입니다. 오늘 하루에만 단양중 구성원 중 무려 65명이 참여하여 푸른 지구를 만드는 데 힘을 모았습니다.

오늘 행사를 계기로 단양중학교 학생들이 점차 친환경 교통 수단을 활용함으로써 CO_2 연간 배출량을 줄이는 동시에 나무를 심는 효과로까지 발전할 수 있게 되기를 소망합니다.

초록학교 실천 활동 Eco

2019.09.19. 승용차 없는 날 맞이 행사

CAR FREE DAY

TAXI

BUS

WALK

CARPOOL

9월 18일 등교 시 부모님의 승용차를 혼자 타고
오는 것이 아닌 대중교통(TAXI, BUS)이나 도보,
카풀(2인 이상)을 활용하는 분에게는 9월 18일
점심시간에 음료 간식(카프리썬)을 드립니다.

대중교통, 도보, 카풀(2인 이상) 인증샷(사진
속 등장 인물의 학번, 이름을 함께 적어 보내
야 함)을 9월 18일 08시 30분
까지 010-9903-6744 카톡
으로 보내야만 음료 간식(카프리썬)을 드립니다.

올해는 인증샷 얼굴 공개안합니다~ 많은 참여부탁드립니다^^

초록학교 실천 일기

오늘은 푸르덴셜사회공헌재단과 한국중등교장협의회가 주관하는 제21회 전국중고생자원봉사대회에 참석하기 위해 세단 동아리 아이들과 서울을 찾았습니다.

전국중고생자원봉사대회는 청소년 자원봉사단을 발굴하고 사회의 나눔 리더로 성장하도록 격려하기 위해 미국을 비롯하여 한국, 일본, 대만, 아일랜드, 인도, 중국, 브라질에서도 개최되는 글로벌 청소년자원봉사자 시상대회이자 국내 최대 규모의 청소년 자원봉사자 시상 프로그램입니다. 올해 전국에서 모인 3000여 건의 사례 중 40건을 추려 은상 수상자를 선발하고, 1박 2일의 캠프를 통해 금상 수상자와 장관상 수상자를 선발하였습니다. 단양중학교 세단 동아리는 지역사회 연계 봉사활동과 기부활동을 결합한 동아리 활동 사례로 은상-금상(교육부장관상)을 수상하여 상장과 메달, 장학금을 수여받았습니다.

앞으로도 더욱 열심히 활동하여 단양을 대표하고, 충북을 대표하며, 대한민국을 대표하는 동아리로 발전할 수 있도록 아이들과 더욱 고민하고, 토론해야겠습니다. 평소 항상 웃는 얼굴로 잘 따라주는 세단 동아리 학생들이 참 고맙습니다.

초록학교 실천 활동 Eco

드레스 코드 : 초록

초록학교 실천 일기

오늘은 단양중학교에서 자체 지정한 초록의 달 '9월, 지9를 9하라' 마지막 활동으로 '드레스코드 : 초록' 행사를 진행하였습니다.

매월 마지막 주 목요일의 사복데이와 접목하여 9월 초록의 달을 마무리하는 기념으로 다양한 패션 아이템(티셔츠, 머리핀, 머리끈, 밴드, 양말, 신발, 가방 등)을 초록색으로 맞춰 입고 오는 학생 및 교직원들에게 초록색 간식(녹차 쿠키, 녹차 빵, 골드키위 음료수 등)을 배부하였습니다. 인스타그램(Instagram)을 패러디한 어스타그램(Earthtagram)에 자신들의 초록 패션을 뽐내며 인증샷도 남기는 등 많은 학생들이 즐겁게 참여하였습니다. 상상하지 못한 곳에서 초록색을 찾아오기도 하고, 머리끝부터 발끝까지 초록으로 치장한 학생, 군복을 입고 온 학생까지… 서로 웃음지으며 행복한 시간을 보냈습니다.

단양중학교에서 자체 지정한 초록의 달 9월은 끝났지만 앞으로도 다함께 초록의 가치를 같이 지켜나가는 단양중학교, 세단 동아리가 되도록 열심히 하겠습니다.

초록학교 실천 활동

초록학교 실천 일기

 단양중학교에서는 지난 2017년부터 매년 9월을 초록의 달로 자체 지정하고, '9월, 지9를 9하라'라는 슬로건으로 다양한 환경 교육 활동을 펼치고 있습니다.

 자원순환의 날, 푸른하늘의 날, 세계오존층보호의 날, 세계 차없는 날 등의 환경 관련 기념일을 맞아 학생 체험형 캠페인을 진행해오던 중 올해도 역시 9월 1일 'SUPER GREEN' 캠페인을 시작으로 초록의 달을 시작했습니다. 학생 및 교직원의 운동화 끈을 저마다 생태, 환경을 의미하는 초록색 운동화 끈으로 바꿔오도록 안내한 뒤 참여하는 학생에게는 멸종위기동물 노트를 배부하였습니다. 동시에 환경 퀴즈를 배부하여 문제를 맞힌 학생 및 교직원에게는 플라스틱 업사이클링 인형(거북이, 고래)을 배부하였습니다.

 코로나-19 감염병 예방을 위해 예년처럼 현장에서 체험활동을 진행하기보다 단순 배부행사 위주로 진행할 수밖에 없어 아쉽지만, 초록의 소중함과 중요성에 대해 학생과 교직원들이 함께 고민하는 귀중한 한 달이 되기를 바랍니다.

초록학교 실천 활동

MILKY PROJECT

 초록학교 실천 일기

　단양중학교에서는 자체 지정한 9월 초록의 달을 맞아 '9월, 지9를 9하라'라는 슬로건으로 다양한 환경 교육 활동을 펼치고 있습니다. 오늘은 9월 6일 자원순환의 날을 미리 기념하며 'MILKY PROJECT' 캠페인을 실시하였습니다. 점심시간에 식당 앞에서 학생 및 교직원에게 우유팩 재활용 티슈를 배부하였습니다. 실제 우유팩은 최상급 펄프로 만들어지기에 재활용 티슈의 품질 또한 뛰어나다고 합니다. 오늘 행사가 단양중 교육가족들이 생활 속에서 친환경 소비 습관을 갖는 계기가 되기를 바랍니다.

초록학교 실천 활동

하늘엔 조각구름

 초록학교 실천 일기

　단양중학교에서 자체 지정한 초록의 달 '9월, 지9를 9하라' 두 번째 캠페인으로 9월 8일 '푸른 하늘의 날'을 맞아 '하늘엔 조각구름' 행사를 실시했습니다.

　푸른 하늘의 날은 우리나라가 제안해 최초로 유엔 공식 기념일로 지정된 날입니다. 지난해 8월 우리나라 국가기후환경회의 첫 논의 이후 유엔 기후행동정상회의에서 '세계 푸른 하늘의 날' 지정을 국제사회에 제안하였고, 지난해 12월 열린 제74차 총회에서 매년 9월 7일을 '푸른 하늘을 위한 국제 맑은 공기의 날(International Day of Clean Air for Blue Skies)'로 지정하는 결의안을 채택했습니다. 비록 태풍 '하이선' 때문에 푸른 하늘을 볼 수 없는 푸른 하늘의 날이었지만, 미세먼지와 온실가스 없는 푸른 하늘을 꿈꾸며 학생 및 교직원들에게 하늘색 구름 마카롱을 나눠주었습니다. 각 학년별 SNS(BAND)에 푸른 하늘의 날 관련 영상을 탑재하여 학생들에게 기념일의 의미와 취지에 대해서도 안내하였습니다.

　내년 푸른 하늘의 날에는 코로나-19 감염병 걱정 없이 학생들과 삼삼오오 모여 마스크 없이 즐겁게 학교 생활을 할 수 있기를 기대해봅니다.

초록학교 실천 활동 Eco

멸종위기의 바나나를 구하라

 초록학교 실천 일기

단양중학교에서 자체 지정한 초록의 달 '9월, 지9를 9하라' 세 번째 캠페인으로 9월 16일 '세계 오존층 보호의 날'을 맞아 '멸종위기의 바나나를 구하라'행사를 실시했습니다.

세계 오존층 보호의 날은 오존층 파괴의 심각성을 느낀 국제 사회 대표들이 제49차 UN 총회에 모여 프레온 가스 줄이기를 약속하며 제정한 날입니다. 오존층이 파괴되어 지구 평균 온도가 단 1.6도만 증가해도 생명체의 18%가 멸종하게 되고, 2도가 오르면 인간을 비롯한 생명체가 더 이상 지구에서 살아갈 수 없게 됩니다. 일상생활에서 온실가스를 줄이는 방법에는 친환경교통수단 이용하기, 일회용품 줄이기, 플라스틱 제품 덜 쓰기, 대기전력 차단하기 등이 있습니다. 16일 점심시간에는 지구온난화에 따른 곰팡이 전염병으로 인해 멸종위기에 놓인 바나나를 활용하여 캠페인을 실시하였습니다. 점심시간에 바나나빵 간식을 배부하고, 세계 오존층 보호의 날 안내 자료를 배부하며, 대기전력을 차단하는 데 도움이 되는 개별스위치 멀티탭을 학생 및 교직원에게 배부하였습니다.

어제 행사를 계기로 일상으로 닥쳐온 지구온난화의 심각성에 대해 인식하고, 생활 속에서 실천할 수 있는 온실가스 절감 방법들에 대해 알고 고민하며 참여하는 단양중학교 학생들이 되기를 기대해봅니다.

초록학교 실천 활동 Eco

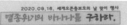

10 월의 이야기

초록학교 실천 일기

　어제는 세계 식량의 날이었고, 오늘은 국제 빈곤 퇴치의 날입니다. 어제부터 오늘까지 잔반 줄이기 'CLEAN & GREEN' 캠페인을 실시하며 빈곤의 심각성과 빈곤 퇴치의 필요성에 대해 새롭게 알게 되는 시간을 가졌습니다. 급식을 남기지 않은 학생들과 교직원들을 대상으로 사탕도 나눠주고 스티커도 나눠주어 본인 학급에 부착하도록 한 뒤 우수학급을 선정하여 학급운영비를 지원하였습니다. 또한 빈 그릇 인증샷을 촬영하여 한국국제봉사기구에서 시행하는 클린테이블 행사에도 참여하였습니다. 사진 1장당 500원씩 자동 기부되는데 이틀 동안 303명이 참여하여 단양중 교육가족의 힘으로 151,500원을 기부하였습니다.

초록학교 실천 활동

초록학교 실천 일기

　오늘은 단양중학교 환경동아리 세단 대표 학생들과 단양읍지역사회보장협의체 품안애나눔곳간을 찾았습니다. 지난 음식물 쓰레기 줄이기 공모전에서 최우수상(환경부장관상)을 수상하며 받은 상금 200만원을 기부하였습니다. 쌀 10kg 50포대, 라면 36박스, 물티슈 1박스 등 200만원에 상당하는 현물을 곳간에 채워 넣었습니다. 협의체 위원들께서 직접 따뜻하게 맞아주시며 응원과 격려의 말씀을 아끼지 않으셨습니다. 앞으로도 우리 동아리뿐만 아니라 단양중학교 학생 모두가 지역에 봉사하고, 기부하는 지역의 인재로서 주인의식을 갖고 커나갈 수 있기를 기대합니다.

초록학교 실천 활동

초록학교 실천 일기

　오늘은 단양중학교 환경동아리 세단 학생들과 환경 장터를 열었습니다. 단양읍 상상의 거리에서 열린 '단양군job 페스티벌'에 '우리의 추억을 나눠드립니다'라는 주제로 참여하였습니다.

　학생들과 선생님들이 기부한 아동 의류, 도서부터 청소년 도서, 생활용품까지 약 400여개의 물품들을 하나씩 검수하고 가격을 매기며 행사 며칠 전부터 준비한 물품들을 멋지게 진열하며 손님을 맞았습니다. 비록 중간에 비가 오고 바람이 불며 우여곡절이 있었지만 완판을 목표로 열성적으로 물건을 파는 아이들을 보며 새삼 놀라웠습니다. 아동도서 500원부터 전자사전 1만원까지 능숙한 장사꾼처럼 가격 흥정까지 하며 결국 완판에 성공하였습니다. 동시에 지역의 불우이웃을 위한 연탄 기부 모금행사도 병행하였습니다. 오늘 발생한 수익금은 전액 지역의 불우이웃에게 환원할 예정입니다.

　오늘 행사가 아이들에게 자원 순환과 자원 재활용의 필요성과 중요성에 대해 몸소 깨닫게 되는 계기가 되었기를 바랍니다. 비바람을 뚫고 고생해준 세단 아이들이 너무 고맙습니다.

초록학교 실천 활동

CLEAN & GREEN
잔반줄이기 캠페인

2019년 10월 16일
세계식량의 날
2019년 10월 17일
국제빈곤퇴치의 날

 초록학교 실천 일기

단양중학교 환경동아리 세단에서는 10월 16일 세계식량의 날과 17일 국제빈곤퇴치의 날을 기념하고자 이번 주를 잔반 줄이기 주간으로 정하고 학년별 잔반 제로 학급을 선정하였습니다. 일 주일 동안 제가 직접 퇴식구에서 잔반 상태를 확인하고 국물류, 소스류 외 음식의 90% 이상 먹은 학생과 교직원에게 사탕과 스티커를 배부하였습니다. 받은 스티커는 급식소 밖에 준비해놓은 학급별 활동지에 부착하도록 하여 일 주일간 학급별 대항전을 실시하였습니다. 그 결과 5일동안 전교생 1500명(300명×5일) 중 1000명 가량 참여하는 놀라운 성과를 보였습니다. 학년별로 스티커를 가장 많이 모은 학급을 잔반 제로 학급으로 선정하여 학급운영비를 지원할 예정입니다.

잔반 줄이기 주간은 끝났지만, 이번 행사를 계기로 우리 학생들이 국제 빈곤의 심각성과 음식물쓰레기 문제에 대해 항상 관심을 갖게 되기를 바랍니다.

초록학교 실천 활동 Eco

꼬마농부 이야기 (4)
마을 탐구 활동 (4)

2019년 10월 18일

초록학교 실천 일기

　오늘은 농어촌학교특색프로그램 '꼬마농부 이야기'와 학생마을참여활동을 진행하기 위해 단양중학교 환경동아리 세단 아이들과 장현리 마을을 찾았습니다. 세단 동아리 학생들을 두 조로 나누어 한 조는 텃밭에서 지난번에 못다 캔 고구마를 마저 캐고, 한 조는 마을회관에서 어르신들과 함께 가을맞이 활동을 하였습니다. 한 달 더 자라서인지 지난번보다 굵어진 고구마를 수확하며 힘은 들었지만 새롭고 즐거운 경험들을 하였습니다. 어르신들과는 단풍 리스 만들기를 하며 가을의 정취를 느끼는 시간을 가졌습니다.

　지난번 세단 동아리의 전국중고생자원봉사대회 금상(교육부장관상) 수상과 장현리 마을의 충청북도 행복마을 선정을 축하하며 앞으로 더욱 의미있는 활동을 다짐하였습니다. 아이들과 함께 11월 마을 김장을 위해 심어놓은 배추와 무가 굵어진 모습을 보며 내심 뿌듯하고 대견했습니다.

초록학교 실천 활동 Eco

지역사회 연계 생태환경 프로젝트
(지역의 문제, 지역으로 푼다)

2019년 10월 21일

 초록학교 실천 일기

　오늘은 단양 5일장을 맞아 읍내에서 지역사회 연계 생태환경 프로젝트 '지역의 문제, 지역으로 푼다'를 실시했습니다. 재작년부터 3년째 실시하는 활동으로 단양 지역의 석회수로 인한 피부질환의 해답을 단양 지역의 다양한 자원에서 찾고자 하는 목적의 프로젝트입니다.

　1학기까지는 아로니아를 활용했으나, 이번에는 지역 카페에서 버려지는 커피박(粕)을 활용하여 천연비누를 만들었습니다. 카페에서 아메리카노 1잔을 만들 때 커피를 추출하는 데 사용되는 커피의 양은 단 2%에 불과하고, 나머지 98%는 그대로 버려집니다. 이렇게 버려지는 커피박이 연간 13만 톤에 이릅니다. 이러한 현실에 문제의식을 느낀 단양중학교 환경동아리 세단 학생들이 직접 비누베이스를 녹이고 각종 한방가루와 커피박을 섞어 만든 커피 천연비누 400여 개를 무료로 배부하고, 지역사회 불우이웃 돕기 성금 모금 행사를 병행하였습니다. 장날인 덕분에 군민들의 적극적인 관심으로 많은 성금이 모금되었습니다. 성금은 지금까지와 마찬가지로 전액 지역사회 취약계층을 위해 기부할 예정입니다.

　오늘 행사를 통해 학생들이 단양군민이라는 소속감과 애향심을 토대로 자기주도적 문제해결력과 배려와 나눔의 의식까지 동시에 기를 수 있기를 기대합니다.

초록학교 실천 활동 Eco

초록학교 실천 일기

　단양중학교에서는 오늘 단양 청소년 호수사랑 환경지킴이 발대식을 가졌습니다. (사)신단양지역개발회와 단양중학교 환경동아리 세단이 주관하고 충주호환경협의회와 K-WATER 충주권지사가 후원하는 본 사업은 단양호 호수환경의 중요성을 알리며, 호수보전 프로그램을 발굴하여 청정 호수 환경을 조성하는 것을 목적으로 실시됩니다. 임명장 수여, 배지 달기, 선서, 특강, 단양호 대형 사진 퍼즐 맞추기 퍼포먼스, 단체사진 촬영의 순으로 진행된 이날 발대식에는 (사)신단양지역개발회와 한국수자원공사 단양수도센터는 물론 단양지역의 환경단체(수생태협회, 숲해설가협회, 에코단양) 및 풀꿈환경재단과 청주충북환경운동연합에서도 참여하서서 학생들에게 많은 격려와 좋은 말씀을 해주셨습니다.

　오늘 발대식을 계기로, 앞으로 우리 학생들이 단양호의 청정환경 조성을 위해 무엇을 할 수 있을지 각자의 역할에 대해 함께 고민하고 실천해야겠습니다.

초록학교 실천 활동

초록학교 실천 일기

　단양중학교 환경동아리 세단에서는 오늘 교내 환경 개선을 위해 벽화그리기 작업을 실시했습니다. 교내 담벼락 및 얼마 전 새로 조성한 데크의 벽과 분리수거장에 예쁜 벽화를 그렸습니다. 전문 화백 마을 선생님의 지도를 받아 초록학교답게 코스모스가 피어있는 자작나무 숲과 아름다운 꽃들이 피어 있는 단풍나무 숲을 주제로 아이들이 한땀한땀 정성스러운 붓놀림으로 완성하였습니다. 분리수거장 외벽에도 학생들이 꼼꼼히 쓰레기 분리 배출하는 모습을 그려넣어 환경에 대한 관심을 환기하였습니다.

　쪼그려 앉아 정신을 집중해야하는 작업이기에 힘들 법한데도 눈살 한 번 찌푸리지 않고, 즐겁게 웃으며 참여해준 아이들이 대견하고, 고맙습니다.

초록학교 실천 활동 Eco

초록학교 실천 일기

    단양중학교 환경동아리 세단에서는 '대한민국 녹색쉼표 단양 되찾기 프로젝트'의 일환으로 친환경 빨대를 사용하는 '초록카페' 인증 활동을 하고 있습니다.

    단양은 예로부터 전해 내려오는 수려한 단양팔경과 다양한 체험과 볼거리를 자랑하며 연 천만 관광객이 찾는 대한민국 최고의 관광도시를 자부하였지만 그만큼 유동인구가 많다 보니 플라스틱 쓰레기가 급증하는 등의 문제가 심각해지고 있습니다. 그러던 중 환경동아리 세단 학생들이 단양 지역 카페 점주들과 연계하여 생분해가 가능한 친환경 빨대를 사용하는 '초록카페'를 발굴하고 홍보하는 지역사회 연계 프로젝트를 실시하였습니다. 학생들이 직접 단양 지역 카페를 돌아다니며 플라스틱 쓰레기로 인한 환경 문제의 심각성을 안내하고, 옥수수 빨대 1박스(2,000개 분량)를 무상으로 지원하며 플라스틱 빨대에서 친환경 빨대로의 소비 전환을 유도한 결과 1기 '초록카페'로 지역의 카페 4곳이 인증 현판을 내걸게 되었습니다. 기념식에는 단양환경단체협의회 임원, 단양군청 환경위생과 주무관, 단양중학교 교장선생님, 환경동아리 세단 대표 학생 등이 참석하여 카페 사장님께 축하와 격려의 말씀을 건넸습니다. '초록카페' 인증을 받은 카페 사장님께서는 "단양의 첫 초록카페로서 막중한 책임감과 사명감을 느끼고 있다. 앞으로도 대한민국 녹색쉼표 단양이라는 이름에 걸맞게 플라스틱 안 쓰기 운동을 비롯하여 다양한 친환경 실천 약속을 반드시 이행하겠다."라고 소감을 밝혀주셨습니다. 학생들이 대견한 일을 한다며 오히려 저희들에게 예쁜 꽃다발을 안겨주신 사장님께 진심으로 감사의 말씀을 드립니다.

    세단 학생들의 프로젝트를 시작으로 학생, 어른 할 것 없이 자신의 생활 속에서 플라스틱 사용 습관을 되돌아보는 계기가 되었으면 합니다. '초록카페' 1기 인증 소식은 단양군청의 협조로 현수막 공식 게시대 6곳에 홍보하고 있습니다. 동참을 원하시는 카페는 언제든지 연락주시기 바랍니다.

초록학교 실천 활동

11월의 이야기

11일   농업인의 날

저탄소생활경연대회 참석

 초록학교 실천 일기

　오늘은 단양중학교 환경동아리 세단 학생들과 환경부가 주최한 2018 저탄소생활 국민 실천대회에 참가하였습니다. 환경과 관련한 다양한 체험 부스에서 즐겁게 활동하고 오후에는 대회의 일환으로 운영된 저탄소생활 경연대회 교육홍보부문에 참여하여 전국 최우수상(환경부장관상)을 수상하였습니다. 1년간의 다양한 환경동아리 활동을 전국적으로 알리고 인정받음에 따라 세단 학생들도 본인들의 활동에 사명감과 자부심을 느낄 수 있었습니다. 아이들과 올해 동아리 활동을 잘 마무리하고 내년도 활동에 대해 함께 고민해봐야겠습니다.

초록학교 실천 활동

초록학교 실천 일기

어제와 오늘 단양중학교에서는 11월 11일 농업인의 날을 기념하여 농부들께 감사한 마음을 표현하고자 'CLEAN & GREEN' 음식물쓰레기 줄이기 캠페인을 실시하였습니다. 급식을 남기지 않고 다 먹은 학생에게 사탕과 스티커를 주고 학년별로 스티커를 가장 많이 모은 학급을 잔반 제로 학급으로 선정해 소정의 학급운영비를 지원하였습니다. 이틀 동안 총 410명이 참여하여 음식물쓰레기도 줄이고 지구 환경 보호에도 앞장섰습니다. 적극적으로 참여해준 단양중학교 교육공동체 구성원들이 참 고맙습니다.

초록학교 실천 활동

초록학교 실천 일기

오늘 단양중학교 환경동아리 세단에서는 단양 지역의 노인요양공동생활가정 '휴림'을 찾았습니다. 지난번 전국중고생자원봉사대회에서 금상(교육부장관상)을 수상하며 받았던 상금의 일부로 100만원을 기부하였습니다. 아홉 분의 어르신들이 함께 생활하고 계셨으며, 생각했던 것보다 깔끔하게 운영되는 모습과 환한 웃음으로 반겨주시는 원장님의 친절함 덕분에 가정적인 분위기가 느껴졌습니다. 그렇지 않아도 겨울철 난방비가 걱정이었는데 올 겨울 더욱 따뜻하게 보낼 수 있겠다는 원장님의 말씀에 덩달아 마음이 따뜻해졌습니다.

앞으로도 단양중학교 환경동아리 세단은 수익금(상금, 모금액 등) 전액을 지역으로 환원하며 소속감과 애향심을 갖춘 세계 속의 단중인이 될 수 있도록 열심히 활동하겠습니다.

초록학교 실천 활동 Eco

지역 축제 환경 장터 부스 운영

2019년 11월 5일

 초록학교 실천 일기

단양중학교 환경동아리 세단에서는 오늘 단양군 문화체육센터에서 열린 한마음축제에 환경 장터 부스를 운영했습니다. 학생들과 선생님들이 기부한 아동 용품, 아동 도서, 청소년 도서, 생활용품까지 약 400여개의 물품들을 500원~5000원 정도로 저렴한 가격을 책정하여 판매하였습니다. 예상보다 판매량이 많아 저도 덩달아 신이 났습니다. 오늘 발생한 수익금 전액은 지역의 불우이웃에게 기부할 예정입니다. 부스 운영을 하면서 축제에도 직접 참여하여 단양군민으로서 게임도 하고, 노래도 부르며 축제를 즐기기도 했습니다. 행사가 끝나고 보니 게임 상품과 추첨 경품이 어마어마하네요.

오늘 행사를 계기로 학생들이 자원순환의 중요성과 필요성에 대해 몸소 깨닫는 계기가 되었기를 바랍니다.

초록학교 실천 활동

신토불이(身土不貳)

 초록학교 실천 일기

　단양중학교 환경동아리 세단에서는 11월 11일 농업인의 날을 맞아 '신토불이' 캠페인을 실시하였습니다. 단양 지역 농산물 현황을 정리한 자료를 배부하고 농산물 볼펜(콩나물 볼펜, 대파 샤프, 옥수수 볼펜 등)을 배부하며 단양 지역 농산물 구매를 권장하였습니다. 행사를 계기로 앞으로 우리 땅에서 나온 우리 농산물을 사랑하는 마음이 커지길 바랍니다.

초록학교 실천 활동

초록학교 실천 일기

　단양중학교 환경동아리 세단에서는 오늘 신단양지역개발회가 주관하는 단양청소년 호수사랑 환경지킴이 활동을 전개하였습니다. 우리가 일상적으로 사용하는 플라스틱 제품이 버려지면 강으로, 호수로, 바다로 흘러가 썩지 않고 쌓여 수생태를 오염시키고, 나아가 우리의 식수원까지도 위협한다는 사실을 단양읍내에서 군민들께 알리며 대나무 칫솔을 무료로 배부하였습니다. 우리가 무심코 매일 사용하는 플라스틱 칫솔도 사용연한이 다 되어 버려지면 남한강 바닥에, 단양호 바닥에 쌓이고 쌓여 400년간 썩지 않는다는 사실을 안내하며 10년이 지나면 생분해가 가능한 대나무 칫솔을 배부하고 생활습관 개선을 요청드렸습니다. 많은 군민들께서 취지에 공감하시며 응원과 격려 말씀을 해주셨습니다. 동시에 진행한 불우이웃 돕기 성금에도 많은 분들께서 도와주셨습니다.

　오늘 모금한 성금은 지역을 위해 전액 환원할 예정입니다. 추운 가운데 웃는 얼굴로 고생해준 세단 동아리 학생들이 대견하고, 고맙습니다.

초록학교 실천 활동 Eco

꼬마농부 이야기 (5)
마을 탐구 활동 (5)

2019년 11월 20일

 초록학교 실천 일기

단양중학교 환경동아리 세단에서는 농어촌학교 특색프로그램과 11월 학생 마을 참여 활동의 일환으로 '겨울나기 김장 담그기' 활동을 진행하였습니다.

장현리 마을 주민, 에코단양 선생님들, 단양중 일파만파 학부모회 등 많은 분들이 아이들과 함께 해주셨습니다. 아이들이 직접 심은 배추 300포기를 절이고 양념을 골고루 넣으며 정성스럽게 김장을 했습니다. 난생 처음 해 보는 김장에 허리도 아프고, 어깨도 아팠지만 친구들과 함께하기에 그것 또한 즐거웠습니다. 김장이 끝나고 푹 삶은 돼지수육과 함께 싸먹는 김장김치의 맛은 엄지가 절로 치켜세워질 만큼 단연 최고였습니다. 오늘 담근 김치는 단양 지역의 독거노인 및 취약계층에게 무료로 배부합니다. 오후에는 장현리 마을로부터 감사패도 전달받고, 지난 1년간의 마을 참여 활동을 담은 사진 문집도 함께 살펴보는 시간도 가졌습니다. 직접 작물을 심고 기르며 수확의 기쁨을 느껴본 세단 아이들에게 꼬마농부 인증서와 배지를 배부하며 앞으로 더욱 흙을 사랑하고 자연을 보호하도록 독려하였습니다.

1년간 학생들의 마을 참여 활동에 항상 함께 해주신 장현리 이장님과 노인회장님을 비롯한 주민분들, 에코단양 선생님들 모두에게 감사드립니다.

초록학교 실천 활동 Eco

초록학교 실천 일기

　단양중학교 환경동아리 세단에서는 어제 지역사회 취약계층 혹한기 대비 연탄 배달 봉사를 실시하였습니다. '사랑의 온도를 높여주세요'라는 슬로건으로 지난번 제21회 전국중고생자원봉사대회에서 금상(교육부장관상)을 수상하며 받은 상금으로 1004장의 연탄을 기부, 배달하였습니다. 추운 날씨에 아이들과 직접 한 장 한 장 나르며 허리도 아프고, 힘은 들었지만 겨울을 따뜻하게 나실 어르신들을 생각하며 마음만은 따뜻해지는 시간이었습니다. 아이들이 환경을 생각하며 고민하고 실천하는 과정에서 지역의 불우이웃을 위한 나눔과 배려의 마음까지 함께 가지고 성장하는 지역의 인재로 자라나길 바랍니다.

초록학교 실천 활동 Eco

초록학교 실천 일기

　단양중학교 환경동아리 세단에서는 오늘 제2회 단양행복교육한마당에 참가하여 '우리를 잊지 말아주세요'라는 주제로 멸종위기 동식물 보호 체험 부스를 운영하였습니다. 단양군에 서식하는 멸종위기 동식물 26종에 대한 안내 자료를 전시 및 배부하였습니다. 그리고 멸종위기 동식물 중에서도 큰홍띠점박이푸른부전나비, 염주알다슬기, 단양쑥부쟁이, 왕제비꽃, 수달, 삵, 하늘다람쥐, 수리부엉이 등 8종의 동식물 도안을 제시하고 색칠해 배지로 제작하는 체험을 안내하였습니다. 저마다 아름답게 색칠해 제작한 멸종위기 동식물 배지를 가슴에 달고 즐거워하는 아이들을 보며 저 또한 즐거웠습니다. 오늘 활동을 계기로 학생들이 자신들의 생활 공간에는 인간만이 살아가는 것이 아니라 다양한 동식물도 함께 어울려 살아간다는 사실을 깨닫게 되기를 바랍니다.

초록학교 실천 활동

치계미로
CHEER-UP하세요

 초록학교 실천 일기

단양중학교는 입동을 맞이해서 지역의 노인복지시설을 방문해 치계미(雉鷄米)를 전달하는 행사를 펼쳤습니다. 예로부터 우리 선조들은 입동이 되면 일정 연령 이상의 마을 어르신들을 모시고 추어탕, 팥시루떡 등의 음식을 대접하는 치계미를 통해 겨우내 건강을 기원했다고 합니다.

이에 단양중학교에서는 입동을 맞아 24절기를 활용한 전통 체험 학습의 일환으로, 점심시간에는 전교생에게 입동 안내 자료와 단팥빵을 배부하였고, 지역의 노인복지시설 3곳을 방문하여 코로나-19 감염병 극복과 어르신들의 건강을 기원하는 의미에서 팥시루떡을 전달했습니다.

코로나-19 감염병 확산 방지 차원에서 어르신들을 직접 뵐 수는 없었지만 원장님께 준비한 팥시루떡을 전달하고 어르신들께서 항상 건강하시길 기원했습니다. 지금은 비록 코로나-19 감염병 때문에 외부 봉사활동이 전면 금지되었지만 코로나-19 감염병이 종식되어 학생들이 어르신들을 직접 뵙고 말벗도 되어드리고, 청소도 해드릴 수 있는 날이 하루빨리 오기를 고대합니다.

단양중학교는 그동안 입동을 비롯해 입추, 대서 등 절기마다 24절기에 맞는 전통 체험 학습을 실시하였습니다. 앞으로도 절기를 활용한 전통 체험 학습을 통해 우리 학생들이 선조들의 지혜를 바탕으로 건강한 청소년기를 보낼 수 있기를 바랍니다.

초록학교 실천 활동

감자합니다, 고구맙습니다

 초록학교 실천 일기

단양중학교 환경동아리 세단에서는 11월 11일 농업인의 날을 맞아 '감자합니다, 고구맙습니다' 캠페인을 실시하였습니다.

지역의 농가 소득 증대를 위해 단양 농산물 현황을 정리한 자료를 배부하고, 지역 농산물 애용 운동을 펼치며 간식으로 고구마 두유를 배부하였습니다.

또한 평소 전하지 못했던 감사의 마음, 고마운 마음을 메모지에 담도록 하고 추첨으로 선정된 30명의 학생 및 교직원에게는 감자 과자 패밀리팩 1박스씩을 선물로 증정하며 단양중학교 교육가족 상호간의 소통, 공감의 폭을 넓히기도 하였습니다.

모르는 시험 문제 풀이를 자세히 알려준 친구, 자신이 아플 때 정성껏 병간호를 해준 엄마, 자신에게 친절히 대해 준 동네 어르신 등에게 감사와 고마운 마음을 전하는 모습을 보며 대견한 마음이 들었습니다.

오늘의 행사를 계기로 단양중학교 학생들이 지역 농산물에 관심을 갖게 됨과 동시에 자신의 삶과 주위 사람들에 대해 감사하는 마음을 가지며 공동체 의식을 신장하는 기회가 되었기를 바랍니다.

초록학교 실천 활동

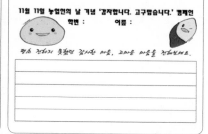

12월의
이야기

초록학교 실천 일기

　어제는 단양중학교 환경동아리 세단의 2018년 마지막 동아리 활동으로 지역사회 취약계층 혹한기 대비 연탄 배달 봉사를 실시하였습니다. '사랑의 온도를 높여주세요'라는 슬로건으로 그동안 다양한 환경 관련 공모전에서 수상하며 받은 상금과 불우이웃돕기 모금액을 합쳐 2000장의 연탄을 기부, 배달하였습니다. 영하의 날씨에 아이들과 직접 한 장 한 장 나르며 손도 시리고, 힘은 들었지만 겨울을 따뜻하게 나실 어르신들을 생각하며 마음만은 따뜻해지는 시간이었습니다. 봉사가 끝나고 아이들과 뜨끈한 곱창순대전골을 먹으며 몸도 풀고, 한 해 동안 수고한 서로를 격려하며 마음도 풀었습니다.

　올 한 해는 아이들과 열심히 활동한 결과를 대외적으로도 인정받아 다양한 성과를 이루었습니다. 환경부장관상 2회, 충청북도청소년종합진흥원장상, 충청북도청소년활동진흥센터장상, 대한민국교육문화체육공헌대상 등을 수상하며 받은 상금으로 200만원 상당의 현물을 단양읍 나눔애곳간에 기부하기도 하였고, 한여름이 되기 전 지역의 불우이웃을 위한 선풍기를 11대 구입해 기부하기도 하였습니다. 얼마 전 있었던 사랑의 온도탑 단양 제막식에서도 50만원을 기부하였고, 어제는 남은 상금과 모금액을 탈탈 털어 연탄 2000장을 기부, 배달하였습니다. 아이들이 환경을 생각하며 고민하고 실천하는 과정에서 지역의 불우이웃을 위한 나눔과 배려의 마음까지 함께 가지고 성장하는 지역의 인재로 자라나길 바랍니다. 1년 동안 힘들었을 텐데 정말 열심히 활동해준 세단 아이들이 참 고맙습니다.

초록학교 실천 활동

청소년푸른성장대상 수상

초록학교 실천 일기

단양중학교 세단 동아리에서는 어제 제15회 청소년푸른성장 대상 시상식이 열린 서울을 찾아 여성가족부장관상을 수상했 습니다. 청소년푸른성장대상은 청소년의 건강한 성장에 기여한 개인·단체 및 또래에게 모범이 되는 청소년·동아리를 격려하고 귀감이 되는 사례를 공유하기 위해 여성가족부에서 주최하는 행사로 2005년부터 매년 열리고 있습니다. 청소년의 성장에 공 헌한 정도, 활동의 지속성 및 자발성 등의 심사기준에 따라 성 인(개인 1명, 단체 1개) 및 청소년(개인 10명, 동아리 10개) 부문에 총 22명(점)을 수상자로 선정하였는데 세단 동아리는 이 중 청소년 동아리부문 수상자로 선정되었습니다. 받은 상금은 장소와 방 법을 아이들과 논의한 후 지역의 불우이웃을 위해 전액 환원할 계획입니다. 올 한 해 힘들어도 내색 없이 적극적으로 활동해준 동아리 학생들이 참 대견하고, 고맙습니다.

초록학교 실천 활동

제15회 청소년푸른성장대상 여성가족부장관상 수상 주최: 여성가족부

세단(세계 속의 단호인) - 3학년 양다혜, 유지연, 서진원, 김설빈, 이현정, 변예은, 엄주윤,
배예람, 이주현, 김대유, 이하진, 이현규, 안예원, 하성민, 박지선

세단(세계 속의 단호인) - 2학년 김태은, 김예은, 김성윤, 장가원, 김윤미, 김채연, 김보은, 최수인,
이시현, 임은진

세단(세계 속의 단호인) - 1학년 김주연, 차윤주, 김은혜

지도교사 김병두, 최다희

초록학교 실천 일기

　　단양중학교 환경동아리 세단에서는 오늘 단양군청 주민복지과를 찾았습니다. 1년간의 지역사회 연계 생태 환경 프로젝트의 결과물로 지역사회 취약계층 혹한기 대비를 위해 현물(쌀 20포대, 라면 10박스)을 기부하였습니다. '지역의 문제, 지역으로 푼다' 1, 2학기 프로젝트를 통해 단양의 석회수로 인한 피부질환의 문제를 해결하고자 단양의 환경 자원(아로니아, 커피박)을 활용해 약 400여 개의 아로니아 천연비누와 커피 천연비누를 군민들께 무료로 배부하였고, 신단양개발회의 후원으로 대나무 칫솔 300여 개도 군민들께 무료로 배부하며 플라스틱쓰레기 문제의 심각성을 알리기도 했습니다. 활동의 과정에서 군민들께 약속드렸던 것처럼, 모금된 성금은 전액 지역의 취약계층을 위해 환원하였습니다. 내년에는 학생들과 단양의 구성원으로서 단양 지역 사회에 대해 보다 깊이 고민하겠습니다.

초록학교 실천 활동

✿ 이런 **기념일도** 있어요

2월	2일 : 세계 습지의 날
3월	14일 : 강을 위한 국제 행동의 날 21일 : 세계 물의 날 23일 : 세계 기상의 날
4월	7일 : 보건의 날 22일 : 지구의 날 22일 : 국제 대지의 날 24일 : 세계 실험동물의 날
5월	9일~10일 : 세계 철새의 날 22일 : 국제 생물 다양성의 날 둘째 토요일 : 세계 공정무역의 날
6월	5일 : 세계 환경의 날 8일 : 세계 대양의 날 17일 : 세계 사막화와 가뭄과의 투쟁의 날
7월	3일 : 세계 비닐봉투 안 쓰는 날 11일 : 세계 인구의 날
8월	22일 : 에너지의 날
9월	16일 : 오존층 국제 보존의 날 22일 : 세계 자동차 없는 날 마지막 주 : 세계 바다의 날
10월	4일 : 세계 동물의 날 13일 : 국제 재해 감소의 날 16일 : 세계 식량의 날 17일 : 국제 빈곤 퇴치의 날
11월	6일 : 전쟁과 무력 충돌로 인한 환경 착취 국제 예방의 날 26일 : 아무것도 사지 않는 날
12월	11일 : 국제 산의 날

초록학교 열두 달 이야기